내가 나인 게 싫을 때 읽는 책

내가 나인 게 싫을 때 읽는 책

이두형

정신건강의학과 전문의

아몬드

불완전한 나와 당신에게 보내는 글

내가 나인 게 싫어질 때가 있다.

형편이 어려워서, 마음의 상처가 많아서, 사랑을 얻지 못해서, 도전하는 시험마다 떨어져서, 외모가 마음에 안 들어서, 심지어 남들이 보기에는 꽤나 괜찮은 조건들을 충족했음에도 사는 것이 무료하고 허무해서, 우리는 자주 나를 싫어하거나 혐오한다. 조금 내가 좋아지려 하면 이내 예기치 않은 좌절과 불안에 무릎이 꺾이는 일도 생긴다. 왜 그래야 할까. 산다는 게 대체 무엇이기에 나는 언제 상처를 받을지 몰라 조마조마하며, 혹은 이미 받은 마음의 상처로 아파하며 고되게 인생을 살아가야 하는 것일까.

힘들어 보지 않은 사람에게는 낯선 느낌일지 모르겠으나 힘들었던 경험이 없는 사람은 드물다. 힘든 것에서 멀어지기 위한 과정이 삶이라면 애초부터 살아가기를 포기하면 되지 않을까?

그렇게 힘들 때, 나를 미워하게 될 때, 삶에 회의가 들 때 우리는 여러 고민에 빠진다. 그러나 고민한다고 쉽게 답이 나오지는 않는다. 답을 내리기 어려운 의문들에 오늘의 버거움이 더해지면, 막막함은 이내 부정과 냉소로 변모한다. '죽지 못해 산다'는 느낌은 일상의 버거움을 배가시킨다. 소소한 나의 일상, 소중한 사람과의 대화 같은 것들은 그 답답한 무게감 앞에 뭉개져 버린다. 왜 사는지는 잘 모르겠고 산다는 건 참 지치는 일이라는 느낌이 일상을 지배한다. 그 느낌은 우울, 불안 같은 단어로는 온전히 표현할 수 없는, 조금 더 본질적인 슬픔이다.

첫 책이 나온 뒤 독자와 만나는 자리에서 "자존감이 낮아서 힘들어요"라는 말로 자신의 이야기를 꺼낸 분이 있었다. 그는 자신을 도저히 사랑할 수가 없었는데 어떤 책에서 "자신을 사랑하면 행복해질 것이다"라는 이야기를 읽었다고 했다. 그래서 아침마다 거울을 보고 스스로를 안아주며 '난 괜찮다, 사랑받을 만한 사람이다'라고 이야기했으나 그럴수록 더욱 더 자신이 미워지고 거부감이 들어서 도무지 어떻게 해야 할지 모르겠다고 했다. 그날 그 자리에서 나는 "자존감이란 이런저런 이유로 '나도 이만하면 괜찮아'라고 애써 납득하는 것이 아니라, 때로는 스스로를 안아주고 이해해주기가, 사랑하기가 버거울 때가 있음을 있는 그대로 받아들이는 일"이라고 답했다. 그는 울었고 나는 화가 났다. 힘든 이들을 위로하기 위한 '자존감'이라는 단어가 오히려 그들을 더욱 힘들게 한 것 같았다.

완벽하지 않은 삶을 완벽하지 않은 우리가 시행착오를 반복하며 살아가는 것이 인생이다. 태어나서 죽을 때까지 스스로를 긍정할 수 있는 확률은, 그 사람이 단 한 번의 실패나 실연, 상처를 경험하지 않을 확률만큼이나 희박하다. 그런데 왜 세상은 그에게 매 순간마다 스스로를 사랑해야 한다고 이야기했을까. 언제부터 '자존감'이 그토록 불가능에 가까운 작업을 해낸 사람의 특권이 되었을까.

부처는 '지금 여기'에 깨어 있으라 했고, 프로이트는 '여기 지금(here and now)'이 중요하다고 했다. 그들의 '지금 여기'는 지금 여기에 집중하면 나는 늘 사랑받을 만한 사람이 되고 행복해진다는 의미가 아니다. 내 감정과 생각을 좋고 나쁨의 구분 없이 있는 그대로 느껴보자는 이야기다. 내가 괜찮은지, 그렇지 않은지에 대한 평가를 반복해 '좋은 나, 긍정적인 나'라는 인위적인 상태에 도달하는 것이 아니라 그저 지금 내가 하는 생각과 느낌을 그대로 바라보는 것이다. '초연해지기 힘들다면 적어도 힘듦이 존재한다는 이유로 스스로를 미워하지는 말라.' 그것이 그들이 말하는 지금 여기에 깨어 있는 마음이다.

그들은 좋고 나쁘다는 판단, 기쁨이나 슬픔 같은 감정 들에 휘둘리지 말라고 가르치지만 성인군자가 아닌 이상 그런 생각과 감정에 사로잡히는 것은 어쩔 수 없는 일이다. 그러나 많은 이들이 감정이란 온전히 다스리고 통제할 수 있으며, 슬픔과 불안에 시달리지 않는 방법이 존재한다고 이야기한다. 늘 평안하고 기쁨에 가득한 마음이 될 수 있다고 이야기하며 그것이 행복이라 말한다. 똑같이 돈 문제로 버거워하거나, 소중한 사람과의 갈등으로 눈물짓거나, 때로는 사소한 일로도 격한 분노에 사로잡히기도 하는 치료자들 역시 내담자들 앞에서는 마치 이미 완전무결한 마음을 손에 넣은 것마냥 그 방법을 설명하곤 한다. 그런데 정말 그런 방법이 있을까.

'삶은 멋지다', '어떤 사람이든 잘 들여다보면 참 괜찮다'고 이야 기하는 유명 저자, 스타 연사들의 메시지가 지금 당장의 배고픔이나 가족의 해체 같은 절박한 걱정으로 가득한 이들에게 동일한 '괜찮음'을 전하는지에 대해서 어쩐지 회의가 든다. 그들이 말하는 행복이란 마음이든, 재산이든, 지위든, 사람이든, 사랑이든 무언가가 어느 기준, 어느 선에 도달해야 손에 넣을 수 있는 증명서 같다.

그들이 책과 강연에서 흔히 제안하는 문장 "사실 알고보면 당신은 참 좋은 사람이에요"라는 이야기에는 '너는 아직 네가 얼마나 좋은 사람인지를 잘 몰라서 그렇게 힘든 거야'라는 메시지가 담겨 있다. 그런데 정말로 우리가 우리를 버거워하는 이유가 나도 아직 잘 모르는 무언가가 있기 때문일까.

나는 당신이 수십 권의 심리학 서적을 섭렵하거나 몇 달 몇 년의 낮과 밤을 보내며 고민했지만 도저히 답을 내릴 수 없었던 의문들, 예를 들어 내가 누구인지, 나는 괜찮은지 그렇지 않은지, 살아가는 의미란 무엇인지 같은 질문들에 답이 있다고 말하려는 것이 아니다. 오히려 살아가면서 답을 내릴 수 없는 의문이 존재한다는 사실을 있는 그대로 받아들이는 연습을 함께 하려고 한다.

'생각'은 원인을 분석해 해결책을 도출하는 데는 탁월한 도구이지만 '사는 이유' 같이 결론이 모호한 질문에 답을 구하거나 '어린 시절의 고난' 같이 바꿀 수 없는 과거를 살펴볼 때는 무력한 경우가 많다. 그럴 때 우리는 더 많은 생각, 더 많은 고민을 하며 끊임없이 힘든 마음속으로 가라앉는다.

그러나 분명 그보다 조금은 더 당신을 소중히 할 수 있는 시간들이 존재한다. 어딘가 나와 내 삶은 잘못되어 있다는 확신이 가득하다면, 앞으로도 불행할 수밖에 없다는 생각에서 벗어날 수 없다면, 스스로를 사랑하고 싶어도 내가 더 싫어질 뿐이라면, 스스로가 괜찮은지 그렇지 않은지, 이런 나를 사랑할 수 있을지를 깊이 '생각하기'보다 지금 눈앞의 하루를 괜찮게 만들 수 있는 것들이 무엇인지 먼저 떠올려보자.

서문을 한참 써내려 가던 어느 날, 진료 중 한 환자 분이 내게 이런 말을 건넸다.

"선생님과 면담을 하면 어쨌든 내일이 시작될 것이란 느낌이

들어요. 죽고 싶은 생각이 아예 없어진 건 아니에요. '그냥 죽을까?' 싶을 때도 있지만, 살고 죽는 것에 답이 존재하지 않는다는 것을 이해했어요. 왠지 말로 표현은 안 되지만, 그냥 살아가면 될 것 같아요. 그렇게 또 한 주를 보내고, 선생님을 만나야지. 그런 생각을 해요."

그의 말에 '그래, 내가 책으로 전하고 싶은 건 말이 아니라 이런 느낌 그 자체였지'라는 생각이 들었다. 당신에게도 이 느낌을 온전히 전할 수 있기를 바라며, 이 책을 조심스레 건넨다.

차례

서문 5

1   오늘 하루를 괜찮게 보내는 마음들

그라면 지금 어떻게 했을까 19
♨ 내가 되고 싶은 모습에 다가가는 방법

오늘이 괜찮은지 오늘은 알 수 없다 31
♨ 잘 살아가고 있는지, 어떻게 살아야 할지 고민이라면

마음속 긍정이와 부정이 그리고 무던이 39
♨ 삶을 비관하는 것이 매력적인 오답인 이유

생각이 너무 많아 고민일 때 51
♨ 찾을 수 없는 인생의 답에 매달리는 대신 '불편함'에 익숙해지기

2 슬픔과 불행으로 자꾸만 길을 잃을 때

과거의 아픔으로 죽고만 싶을 땐, 그냥 써보세요 63
♨ 쓰기 노출 치료와 기억의 통합이 주는 평온

마음은 빼기가 아닌 더하기만 가능하다 73
♨ 잊고 싶은 기억 때문에 아파하고 있다면

슬픔이 사라지면 정말 행복해질까 83
♨ 우리가 원하는 '정상적인 마음'은 존재하지 않는다

죽고 싶은 생각보다 더 신경 쓰이는 것들 95
♨ 내가 살아가고 싶은 삶은 어떤 모습인가

3 매일 사막을 건너는 기분이라면

왜 내 인생은 마음대로 되지 않을까 105
🍂 기분 지향적 행동과 목적 지향적 행동

삶이 괜찮은지 확인하지 않고 그냥 살기 115
🍂 행복에 닿으려고 애쓰지만 계속 실패한다면

여러 선택지 중에 내게 더 좋은 것 고르기 125
🍂 술잔에 따르는 사이다 맛

어떤 설명도 나라는 우주를 담아내지 못한다 135
🍂 심리학 지식을 접할 때 염두에 두어야 할 것

매일 마음에 찾아오는 불청객 맞이하기 147
🍂 마음의 장애물이 없어야 한다는 생각이 삶에 미치는 영향

4   삶을 굴러가게 하는 작고 소중한 것

내 감정이지만 도무지 어떻게 표현해야 할지 모를 때 159
　♨ 감정에 이름표 달아주기

내가 살아 있다고 느끼는 시간들 173
　♨ 자존감이 부족하다고 생각할 때

너무 노력하려고 애쓰고 있다면 185
　♨ 하려고 노력하지 않고 그냥 하기

스트레스 해소가 우리에게 주는 것들 197
　♨ 어느 정신과 의사의 마음 관리법

다짐을 실행하게 하는 마법의 주문 209
　♨ 왜냐하면 그냥 내가 하기로 선택했으니까

1

오늘 하루를 괜찮게 보내는 마음들

그라면
지금 어떻게 했을까

내가 되고 싶은 모습에 다가가는 방법

살다 보면 스스로 봐도 이건 좀 아닌 것 같은, 삐뚤고 미운 마음이 들 때가 있다. 동료나 친구에게 퉁명스럽게 말하고 가족과 불화를 빚는다. 조금 더 부드럽게 이야기하면 좋았을 텐데, 조금 더 세련되게 대처할 수 있었을 텐데.

그런 순간에 나는 종종 친구 댕댕이를 떠올린다. 댕댕이는 이 순간 어떻게 생각하고, 어떤 말을 했을까. 댕댕이는 내 고등학교 때 친구다. 늘 주위 사람을 편안하게 해주는 이 친구에게 나는 학창 시절부터 어쭙잖은 연애 상담을 청하거나 인생 고민을 털어놓곤 했다. 사소한 위로나 조언 하나도 진심을 담아 건네는 친구, 곁에 있으면 왠지 모를 긍정과 희망이 전해져 계속 곁에 있고 싶어지는 친구, 댕댕이는 내게 그런 친구였다.

"너는 어떻게 사람이 그렇게 좋아? 어떻게 그렇게 늘 잘될 거라 생각할 수 있어?"

하루는 댕댕이가 보여주는 무한한 따뜻함의 근거가 궁금해 물어보았다.

"나는 사람들이 기본적으론 다 나쁘고 이기적이라 생각해. 그래서 나는 좋은 사람이 되려고 노력하는 거야. 그런 척이라도 하는 거지."

"미래에 무조건 좋은 일이 있을 거라거나 다 잘될 거라고 생각하는 건 아니야. 그냥 잘 안 된다고 생각해봐야 뭐해. 좋은 쪽으로 생각하려고 노력해야 실제로 잘될 가능성이 높아지지 않을까?"

지금 생각해도 감탄이 나오는, 고등학생의 사고방식이라고 믿기 어려운 성숙함이다. 그의 긍정성은 아름다운 것들에 둘러싸여 성장한 온실 속 화초가 앞으로의 삶도 마냥 아름다울 것이라 여기는 단순한 치기가 아니었다. 내가 아는 그의 성장 환경은 온실이 아니었기 때문이다. 병환이 깊은 조모와 네 가족이 10평 단위의 집에서 옹기종기 모여 사는 평범한 환경이었다. 아침에 등교를 준비할 때마다 시간이 촉박해, 화장실이 하나 더 있는 집에서 사는 것이 꿈이었던 소박한 친구다. 타인을 향하는 그의 배려는 자기 자신의 내면의 어둠마저도 포용하고 있었다.

지극히 평범한 친구의 속 깊고 비범한 이야기. 이야기를 나눌수록 나는 그에게 빠져들었다. 닮고 싶고, 그런 마음으로 살아가고 싶었다.

내가 바라는 나

늘 쪼들리던 대학교 1학년 때, 돈을 쓰지 않기로 유명한 친구를 만나 술잔을 기울이던 어느 날이었다. 기숙사 월세·책값·학생회비·동아리 회비 등 여기저기 돈 쓸 일은 많고 가뭄에 콩 나듯 들어오는 과외 알바비와 용돈으로는 생활하기가 빠듯했기 때문에, 적으면 2만 원 많으면 3만 원 남짓한 술값을 누가 내느냐는 참 민감한 문제였다. 그날도 그놈은 돈을 낼 기색이 없었다.

화가 머리끝까지 오르려는 찰나, 그런 생각이 들었다. '댕댕이라면 지금 어떻게 했을까.' 어차피 이놈이 돈 안 쓰는 건 만나기 전부터 알고 있었고, 오늘도 안 내지 싶은데 그냥 수중에 돈이 있으면 즐겁게 마시고 돈 없을 땐 안 만나고 말지. 댕댕이라면 이렇게 생각하지 않았을까? 그렇게 댕댕이를 떠올리자 기꺼이 그렇게 해보고 싶었다. 흔쾌히 계산하고 좋은 기분 그대로 자리를 파했다. 지갑은 텅 비었지만 왠지 모를 뿌듯함이 밀려왔다.

그런 경험은 종종 이어졌다. 연인과 다투며 날 선 말이 머릿속에 떠오를 때 '댕댕이라면 뭐라고 했을까' 자문해보았다. 오래도록 준비한 일들이 무산되어 자괴감이 스물스물 올라올 때 '댕댕이라면 이런 상황에서 어떤 생각을 했을까', 중요한 결정 앞에서 고민할 때 '댕댕이는 어떤 결정을 내렸을까' 상상해보았다. 그렇게 떠오른 생각을 말했고 행동으로 옮겼으며 그걸 바탕으로 결정도 내렸다. 왠지 내가 한층 더 세련되고 성숙한 사람이 된 듯했고, 그 이후의 상황 또한 내가 원하는 방향으로 흘러간 경우가 많았다.

물론 내가 마주한 상황에서 댕댕이가 어떤 말을 했을지, 어떤 결정을 내렸을지는 아무도 모른다. 내가 떠올리는 그의 목소리와 생각은 내가 기억하는 모습을 바탕으로 그린 '이상적인 이미지'이기 때문이다. 어쨌든 내가 '되고 싶은' 이상적인 사람이 했음직한 말과 행동을 하며 나는 조금 더 바라는 내 모습에 가까워지는 기쁨을 느꼈다.

'이게 원래 나인데'라는 생각

인지치료의 메타 인지, 수용전념치료의 조망, 게슈탈트 치료의 빈 의자 기법 등 많은 심리치료 영역에서 '내 마음'이라는 익숙한 곳에서 벗어나 다른 관점을 취해보는 것에 대해 이야기한다. 평소의 우리는 지금 현재의 일인칭 시점에서 세상을 바라본다. 자기 마음의 틀에 갇혀서만 세상과 관계, 스스로를 인식한다.

'관점 취하기'는 상상력을 발휘해 관점을 바꾸는 것이다. 시간적 시점을 바꾸어 과거의 나 또는 미래의 내가 지금의 나를 바라볼 수 있고, 공간적 시점을 바꾸어 낯선 사람들 속에서 불안해하는 내가 아니라 편안하고 친숙한 사람들과 함께 있는 내가 지금의 관계를 바라볼 수도 있다. 또는 아예 친한 친구, 가족, 존경하는 타인의 시점으로 스스로와 세상을 바라보는 것도 가능하다.

우리가 우리의 관점만을 고집하는 이유는 물론 익숙함 때문이지만, '자기만의 관점을 확립해야 한다', '확고한 자아상이 있어야 한다', '스스로를 믿어야 한다'고 강요하는 사회의 영향을 받아서이기도 하다. 물론 건강하고 뚜렷한 자아상과 행복관·가치관을 확립하는 일은 삶의 토대를 단단히 해주고 스스로에 대한 신뢰를 높이는 긍정적인 효과로 이어진다.

그러나 단지 원칙에 경도되어서 고정된 하나의 관점을 고집해야 한다고 인식하게 되면 나도 모르게 '지금 자연스럽게 찾아오는 생각과 감정이 어떤지'에 따라서만 행동하게 된다. 이러한 경향이 나쁘다고는 할 수 없겠으나, 때로는 나 자신을 위해 더 나은 선택을 할 수 있음에도 스스로에 대한 일관된 설명을 유지하고 싶어진 나머지 '나는 원래 이래, 이게 내 천성이야'라고 여기며 익숙한 행동만을 택하게 된다.

이렇듯 '나'라는 정체성을 유지하는 일에 몰입하다 보면 생각의 유연성을 잃어버리고 삶이 경직되기 쉽다. 말을 할 때나 어떤 생각을 행동에 옮길 때 '내가 정말로 원하는 것인지, 내 행복에 더 가까워지는 일인지'보다 '지금까지의 나의 관점과 얼마나 비슷한지, 내가 아는 나 자신과 얼마나 일치하는지'에만 몰두하게 되는 것이다. 진짜 원하는 것이 아닌데도 '왠지 지금은 이렇게 해야 할 것만 같은' 충동에 이끌려 후회할 만한 말이나 행동을 한 다음, '어쩔 수 없지, 이게 나인걸'이라 체념하곤 한다.

지금의 나를 잃지 않으려면

우리는 타인에게서 내가 되고 싶은 모습, 닮고 싶은 면을 발견했을 때 그에게 끌린다. 연애 감정이나 아이돌을 동경하는 마음이 아니라 사람 대 사람으로 누군가를 흠모할 때 그에게 닮고 싶은 어떤 지점이 있다는 의미다. 그렇게 '동경할 만한 그가 지금의 나라면 어떻게 할지'를 상상해보는 것은 '나'라는 경직되고 일관된 관점에서 벗어나 좀 더 나은 나, 좀 더 되고 싶은 나의 모습으로 다가가는 데 새로운 시선을 제공한다.

따뜻하게 건네는 말 한마디, 부담스럽지 않은 배려, 갈등을 유머로 전환하는 재치, 품위와 진심이 느껴지는 태도를 가진 흠모할 만한 이들이 우리 가까이에 늘 존재한다. 묵묵히 자신의 자리를 지키고 만나는 사람 하나하나를 아끼며 자신의 삶을 사랑하는 사람들 말이다. 그들과 관계를 이어가며 어떤 마음으로 세상을 바라보고 사람을 대하는지, 하루에 임하는지에 대해 어렴풋이 가늠하다 보면 나의 삶을 그의 관점에서 새롭게 바라볼 수 있다.

'나라는 사람은 없어져버리는 것이 아닐까', '진정한 나에서 멀어지는 건 아닐까'라는 우려가 들 수는 있다. 그러나 이것은 '나 자신을 잃는 것'과는 다르다. 내가 아닌 남의 뜻대로 살아간다, 내가 없는 것 같다는 느낌은 스스로 판단을 내리지 못하고 타인의 의도대로 끌려갈 때 생긴다.

내가 하는 말과 행동, 떠오르는 생각과 감정은 내 인생이라는 한정된 경험에서만 만들어진다. 타인의 시점을 빌려오면 내 인생에서는 떠올릴 수 없었던 새로운 관점을 간접적으로 경험하게 된다. 관점 취하기가 나의 의도에 맞게 선택할 수 있는 행동의 목록을 확장시켜주는 것이다. 이 과정을 통해 우리는 조금 더 나은 나와 조금 더 나은 삶을 상상해볼 수 있다. 그리고 이를 현실에서 시도해볼 때, 우리의 삶은 우리가 정한 한계를 벗어나 더욱 넓어질 수 있다.

우리가 자연스럽다고 느끼는 감정과 행동이란 살아온 경험과 과거를 기반으로 마음에서 일어나는 반사적인 작용이다. 삶을 원하지 않는 방향으로 내모는 거친 말이나 생각, 감정에 휩쓸리는 것, 과거부터 형성된 그 '어찌할 수 없는 느낌'에 이끌리는 것이야말로 오히려 지금의 나를 잃는 것일지도 모른다.

우리의 마음에는 지금의 익숙한 자신에 머무르고 싶은 나뿐만 아니라, 익숙함에서 한 발 나아가고 싶은 나도 존재한다. 익숙하고 자연스러운 나의 모습만이 전부는 아니다. 타인의 관점을 투영하여 생각하는 것을 포함해 되고 싶은 스스로의 모습을 능동적으로 떠올려보는 존재 역시 진정한 당신이다.

오늘이 괜찮은지
오늘은 알 수 없다

잘 살아가고 있는지, 어떻게 살아야 할지 고민이라면

점심 약속이 있어 차에 올랐다. 익숙한 길이지만 조금 늦은 탓에 최소 시간 경로를 따라가려고 내비게이션을 켰다. 마음은 급했지만 봄 풍경이 예쁜 언덕을 지나갈 생각에 내심 설렜다. 그런데 내비게이션 안내를 따라가다 보니 전혀 엉뚱한 길이 나왔다.

바쁜 하루 중 잠깐 풍경을 보며 쉴 기대에 부풀어 있었는데 너무 아쉬웠다. 시간이 빠듯했던지라 되돌아갈 수도 없어 그저 내비게이션이 안내해주는 대로 따라갔다. 그런데 웬걸, 10년을 산 동네에서도 처음 보는 샛길을 한참 따라가다 보니, 이내 멋지고 상쾌한 전망이 눈앞에 펼쳐졌다.

생각하지 못한 엉뚱한 길에 접어들 때까지만 해도 '아니 익숙하고 잘 아는 길인데 얼마나 빨리 가려고 내비게이션까지 찍고 오버를 했을까. 덕분에 좋은 풍경만 놓쳤네'라는 자책이 꿈틀대려던 참이었다. '역시 사람은 꼼꼼히 최선을 다하는 게 좋아. 길 너무 좋다. 내비 찍은 나 칭찬해'라며 귀신같이 태세 전환을 하는 마음을 보면서, 순간순간 내리는 판단이 때론 얼마나 간사하고 믿을 만한 것이 못 되는지, 당장의 짧은 인식에 사로잡혀 있는 얼마나 불안정한 것인지를 새삼 되새기며 피식 웃었다.

우리는 늘 판단한다. 지금 내가 잘하고 있는지, 잘 살아가고 있는지, 지금 이렇게 하는 것이 맞는지, 지금의 선택이 내게 최선인지. 그러나 대개는 그 판단이 맞는지 바로 알 수 없다. 오늘 산 주식은 내일 오를 수도 있고 내릴 수도 있다. 오르면 오늘의 내 선택은 잘한 것이고, 내리면 아닌 것이다. 고심 끝에 선택한 전공이 나와 잘 맞을 수도 있고 그렇지 않을 수도 있다. 처음에는 너무 잘 택했다 좋아했던 일이 시간이 지나니 맞지 않기도 하고, 잘못 들어왔다 생각한 직장에 꾸역꾸역 다니다 보니 인생 직장이 되는 경우도 허다하다.

나는 나에게 가장 좋은 오늘을 보내고 있는가? 모른다. 지금 하는 선택이 미래에 기대하는 결과를 가져올까? 알 수 없다. 나는 잘하고 있나? 그 누구도 확인해줄 수 없다. 이 모든 것에 대한 명확한 답을 내릴 수 있는 존재는 일주일 후의 나, 1년, 10년 뒤의 나 그리고 죽음을 앞둔 나, 단 한 사람뿐이다. 아무리 생각하고 분석해도 지금에 대한 확신이란 있을 수 없으며, 지나친 자신감과 확언은 도리어 큰 실망과 좌절로 돌아오기도 한다.

그저 내가 보내야 하는 하루에 집중하기

열심히 고민해 완벽한 계획을 세우고, 그것을 하나하나 실현하는 과정이 '좋은' 삶이라 생각했던 적이 있다. 그러나 당연하게도 일도 사람도 인생도 내 마음 같지 않았고, 내가 생각하던 이상적인 원리는 작동하지 않았다. 모든 불확실성을 미리 예측하고 답을 내려야만 안도하며 살아갈 수 있었던 나는 불안하고 혼란스러웠다. 그러한 혼란을 잠재우고자 어떤 삶이 정답인지를 판단하기 위해 생각에 몰두하곤 했다. 그럴수록 결론은 더 멀어졌고, 미래에 대한 두려움은 커져만 갔다.

나는 '불확실성이 제거되고 확신만 가득한 편안한 마음 상태'라는, 너무도 매력적이지만 실제로는 존재할 수 없는 신기루를 좇고 있었다.

그러나 정신의학을 공부하며 알게 됐다. 어떠한 삶도, 어느 누구도 완벽하지 않다는 사실을. 완벽하지 않은 우리가, 완벽한 삶을 살아가며 미래를 온전히 예측하고 통제하는 것은 불가능하다. 이를 되새기다 보니 지금의 내가 잘 살아가고 있는지, 오늘의 삶이 미래의 행복으로 이어질지 예측하고 판단하는 시도가 얼마나 무용한지를 깨달았다.

지금의 나는 지금 이 순간 내가 옳은 선택을 하고 있는지에 대해 결코 알 수 없다. 그러니 그저 당장 원하거나, 혹은 옳다고 생각하는 바에 매진하면 된다. 잘되든 못되든 그것은 자책하고 후회할 일이 아니라 어쩔 수 없는 삶의 한 부분으로 받아들여야 한다.

그렇게 깨닫고 난 이후로 '지금 내가 잘 살아가고 있는지' 스스로 판단하려 들 때마다 이렇게 다짐한다. 답을 내릴 수 없는 질문 앞에서 지치지 않으며, 지금 내가 제대로 잘하고 있는지, 원하는 일이 잘 이루어질지에 대한 고민은 내려놓겠다고. 대신 무엇이 내 삶과 사랑하는 사람들을 위해 필요한지, 어떤 순간이 내게 소중한지를 되새길 것이라고. 때로는 나와 사랑하는 사람들을 지키는 하루를, 때로는 평생토록 기억할 만한 추억을 만들어줄 지금 이 순간을 보낼 것이다. 그리고 그렇게 보낸 하루와 오늘의 내가 괜찮은지는 구태여 따지지 않을 것이다.

이런저런 생각을 하다 문득 과거를 돌아본다. 지금의 시선으로는 아쉬운 이전의 선택들이 마음에 밟힌다. '왜 그렇게밖에 하지 못했을까'라는 자책은 잠시 내려둔다. 대신 그때는 그것이 최선이었던 이유들을 되새기며 '잘했다', '고생했다'고 스스로를 다독인다. 그리고 오늘 하루가 의미 있을까, 이렇게 살아도 될까 걱정하며 초조하게 보냈던 나날들이 모여 그리 대단할 건 없지만 어쨌든 오늘이 되었음을 떠올리고, 감사한 마음을 품는다.

지금도 그런 마음으로 글을 쓴다. 진료실을 정돈하고 가운의 매무새를 다잡는다. 오늘이 나중에 어떤 하루로 기억될지는 알 수 없다. 그저 내가 보내야 하는 하루, 혹은 보내고 싶은 하루를 쌓아갈 뿐이다.

마음속 긍정이와 부정이
그리고 무던이

☕

삶을 비관하는 것이 매력적인 오답인 이유

내 마음속에는 '긍정이'와 '부정이' 그리고 '무던이'가 산다. 긍정이는 앞으로 내가 하는 일들이 모두 잘될 것이라 믿어주고 격려해준다. 부정이는 세세하고 구체적인 이유들을 들어 어째서 앞으로 내가 하는 일들이 안 될지, 혹은 그 일을 왜 하면 안 되는지를 설득한다. 무던이는 말없이 그 논쟁을 지켜보기만 한다.

긍정이와 부정이는 살면서 경험하는 일, 만나는 사람, 앞으로 꿈꾸는 것들에 관해 그것이 좋은지 나쁜지, 하면 되는지 안 되는지, 앞으로 잘될지 아닐지 갑론을박을 펼친다. 무던이는 이런저런 이야기를 덧붙이지 않은 채 그들이 하는 말을 지켜보다가 조용히 한쪽의 손을 들어준다.

말로 하는 논쟁으로는 긍정이가 부정이를 당해낼 수 없다. 처음 블로그에 글을 올리려던 때가 기억난다. '네이버 블로그는 이미 포화상태라 아무도 읽어주지 않을 거야.' '하루 종일 일만 하다가 겨우 여유가 생긴 한 시간 남짓을 그런 의미도 없는 일에 쓰려고? 차라리 술이나 한잔 하거나 놀러 갔다 오는 게 낫지.' 부정이는 어째서 지금 그대로의 일상을 유지하는 것이 나은지, 불확실한 도전을 하지 않는 것이 합당한지를 늘 그렇게 조목조목 이야기한다. 긍정이는 그저 '그래도 잘 되지 않을까', '노력하다 보면 삶이 좋은 방향으로 나아가지 않을까'라는 그다지 논리적이지 않은 이야기들만 늘어놓는다.

무던이는 옆에 비켜서서, 그 둘이 하는 이야기와 그에 따르는 감정들을 묵묵히 바라본다. 그러다 무던이가 한쪽의 손을 들어주면 그들의 주인인 나는 그것을 행동에 옮긴다. 논리만으로 따질 때는 늘 부정이의 손을 들어주어야 맞겠지만, 무던이는 법에 어긋나거나, 타인에게 피해를 주거나, 신체적인 위협이 되는 일 같은 특수한 상황이 아니라면 대개 긍정이의 손을 들어준다.

부정이의 입장에서는 미치고 팔짝 뛸 노릇이다. 왜 그 일을 시작하면 안 되는지, 왜 열심히 사는 것이 의미가 없는지, 너무도 논

리정연하고 근거 있는 주장을 펼치는데도 마음속 심판자인 무던이
와 마음의 주인인 내가 부정이의 의견을 따르지 않으니 말이다.

똑똑한 부정이가 미리 알 수 없던 것들

최근에도 비슷한 일이 있었다. 코로나가 소강 국면이던 어느 가을
날 전남 영광에 있는 공공도서관의 초청을 받아 강연을 했다. 여행
이나 학회에 참석하느라 남원이나 전주에 다녀온 적은 있으나 직접
운전해 그보다 더 먼 곳을 다녀오기는 처음이었다.

강연 시간이 오전 10시라 휴가를 써서 가족 여행 겸 다녀오려
했는데 돌쟁이 아이를 데리고 갈 만한 숙소가 모두 만실이었다. 가
족 여행은 포기하고 혼자 당일치기로 다녀오려니 부산에서 편도
4시간 반, 왕복 9시간을 운전해야 하는 일정이 되었다. 게다가 일
정이 확정되기 전 담당자와 통화할 때 모객에 어려움이 있다는 이
야기도 들었다.

'주말 동안 혼자 아이를 돌볼 아내에게 미안하고, 현실적으로

당일치기로 소화 가능한 일정인지도 의문이네. 일정을 조정하거나 모객 때문에 진행이 어렵지 않을지 문의해보자.' 세세하고 객관적인 이유를 들며 부정이가 불평을 시작했다. 긍정이는 '그래도 나를 찾아주시는 분들이 있어 얼마나 감사해! 안 가본 곳이라 가면 즐겁고 좋은 일이 있을지도 몰라'라고 두루뭉술한 이야기를 했다. 무던이는 이번에 긍정이의 손을 들어줬다. 결국 나는 '일단 가보자'고 결정했고, 부정이의 볼멘소리는 점점 커져갔다.

혹여나 늦을까 봐 새벽 4시 반에 출발하기로 했는데, 일어날 수 있을지 걱정이 되어 잠이 오지 않았다. 일단 출발했다가 졸리면 휴게소에서 자야겠다는 생각으로 자정에 집을 나섰다. 약 두 시간을 달려 전라도와 경상도 경계 부근을 지날 즈음 잠이 쏟아졌다. 이런 컨디션으로 무슨 강연이야, 일부러 시간 내서 오시는 분들 앞에서 횡설수설이나 하겠네, 부정이의 불만은 절정에 달했다.

게다가 가는 길에 태어나서 처음으로 앞차가 잘 보이지 않을 정도로 안개가 자욱한 도로를 지났다. 몽롱한 새벽 시간에 시속 30킬로미터로 서행하자니 마치 꿈속을 운전하는 느낌이었다. 생각했던 것보다 쉽지 않은 여정이었지만 새벽 어스름이 걷힐 무렵 펼쳐진

차창 밖 경관은 한적하고 수려했다. 언덕과 강 그리고 과하게 우거지지 않은 나무들⋯⋯. 내가 좋아하는 풍경이었다.

　조금 나아진 기분으로 도서관 입구에 도착하자 담당자께서 반갑게 맞아주셨다. 내 사진이 대문짝만하게 인쇄된 현수막을 보며 민망하면서도 뿌듯했다. 강연장은 당시 거리두기 지침을 지키며 수용할 수 있는 가장 많은 인원으로 꽉 찬 상태였다. 강연도 좋았지만 깊은 이야기가 오간 문답 시간이 굉장히 인상적이었다. 참석자들의 삶이 오롯이 담긴 이야기가 주는 고양감 속에 피로는 온데간데없었다.

　오늘 안에 집으로 돌아가려면 부지런히 이동해야 했던 터라 식사를 권하는 도서관 분들의 감사한 말씀을 뒤로하고 길을 나섰다. 그래도 영광까지 왔는데, 굴비는 사가야 한다는 생각이 들어서 여쭤보니 꼭 도서관 소개로 왔다는 이야기를 하라는 말씀을 덧붙이며 가게 하나를 소개해주셨다.

　'굴비로'라는 길에 들어서니 탁 트인 부둣가 풍경이 상쾌했다. 커다란 굴비 조형물이 있어서 차를 잠깐 세우고 사진을 찍고, 생선 살과 부산물을 주워 먹으려 잔뜩 모인 새들을 감상했다. 소개받은 가게에 들러 다양하게 준비된 굴비를 이리저리 살펴보았다. 스무 마리짜리 두름은 부담이 되어 마리당 8천 원씩 하는 큼지막한 굴비를 세 마리 정도 담다가 본가와 처가, 동생네 생각이 났다. 일 년에 몇 번 전화도 안 하는 자식이 내는 생색이 겨우 이 정도다. 치킨 몇 마리 값의 굴비를 택배로 보내는데, 도서관 소개로 왔냐며 커다란 굴비 한 마리를 봉지 안에 쏙 넣어주신다. 찌거나 전자레인지에 돌려 녹차에 만 밥과 같이 먹으면 참 맛있다는 상세한 설명과 함께.

돌아오는 길에는 단풍이 흐드러졌다. 광양, 구례, 하동… 전라도와 경상도 경계의 단풍 풍경을 즐겨본 사람은 알 것이다. 전공의 2년 차 가을에 과장님(인턴 때부터 정신과를 권유하셨던 내 인생의 은사님)을 모시고 영호남 학술대회를 다녀왔던 그 길이었다. 과장님은 해마다 곡우(穀雨)가 되면 그해의 우전 녹차를 맛보러 하동의 단골 찻집에 들른다며, 돌아가는 길에 그 곳의 차를 맛보여준다고 하셨다. 과장님, 사모님, 나, 이렇게 셋이 다기 앞에 앉아 올해의 차 이야기를 들으며 차를 마셨다. 특별한 이야기도 없이 벽에 걸려 있는 찻잎이며 다기, 주걱을 구경하고 다실에 배어 있는 향을 맡았다. 돌아오는 길에는 쌍계사 근처에서 은어 튀김이 유명한 식당에 들러

매운탕을 먹었다. 그때도 산야에 붉고 노란 얼룩이 흐드러졌다. 국도변에 만개한 코스모스며 단풍, 샛노란 은행잎을 보며 그때의 추억을 떠올렸다.

집에 돌아와 배운 대로 굴비를 전자렌지에 데워 녹차에 밥을 말아 살점을 한 점씩 올려 먹었다. 생선에서 그런 깊은 맛을 느껴본 적은 처음이었다. 영광 굴비가 괜히 이름난 것이 아니구나, 새삼 느꼈다. 주기적으로 택배 주문을 하자고 아내와 이야기했다.

전날 제대로 잠을 못 잤던 터라 저녁을 먹자마자 설거지만 마친 채 침대에 누웠다. 눈을 감으니 걱정에 휩싸여 집을 나서던 때부터 일어난 일들, 만난 사람들이 스쳐갔다. 피곤함 이외에는 똑똑한 부정이가 결코 미리 알 수 없던 것들이다. 푹신한 침대의 포근함을 만끽하고 있자니 뿌듯함과 만족스러움이 밀려왔다. 잘 다녀왔다, 부정이도 별말이 없다.

마음이 불안과 손실에 민감한 이유는 행복은 있으면 좋은 일이지만 불행은 있어서는 안 될 일로 여기기 때문이다. 로또 당첨의 기쁨은 비현실적인 꿈이지만 잘못 선 빚보증에 대한 공포는 너무도 현실적이다. 놀이공원에서 롤러코스터를 타든 안 타든 내 삶에 큰 변화는 없지만 불의의 교통사고는 내 인생을 송두리째 바꿀 수도 있다. 두려움은 늘 이성적이고 구체적이며 현실적인 반면 행복에 대한 가정은 유치하고 두루뭉술하기 일쑤다. 그래서 우리는 불안을 경청하고, 희망을 무시한다.

그러나 이번 강연은 가지 않는 편이 낫겠다고 강력히 주장한 부정이는 굴비의 맛이라든지, 단풍의 풍경이라든지, 깊은 대화에서 묻어나오는 진솔함 같은, 미래에 주어질 행복들에 대해서는 전혀 떠올리지 못했다. 삶 내내 그래왔다. 이해한다. 부정이에게는 주어질지도 모르는 불확실한 기쁨보다 현재 상황에서 객관적으로 예측되는 불행이 더 잘 보인다. 그것이 불안의 고유한 속성이다.

이러한 마음의 속성을 이해하면 '왜 늘 부정적인 생각만 가득

할까'라며 속상해하지 않아도 된다. 나는 부정이를 미워하지 않고, 긍정이와 무던이를 편애하지도 않는다. 그들에게는 저마다의 역할이 있다. 부정이는 나와 내 가족의 안전을 지켜주고, 긍정이는 내 삶을 고양시켜주며, 무던이는 그 둘 사이의 균형을 잡아준다. 나는 오히려 부정이를 좋아한다. 부정이는 내가 원하지 않는 무언가를 강요하는 짜증 나는 참견쟁이가 아니라, 피해야 할 것과 주의해야 할 것을 알려주어 내가 조금 더 조심하고, 한 번 더 겸손하고, 다시 주변을 살필 수 있게 해주는 소중한 동반자다. 다만 부정이의 이성적인 판단이 논리적이고 설득력이 있다고 해서 그것만을 맹신하지 않을 뿐이다.

우리는 두려움에 취약하며 실은 매우 제한된 정보를 바탕으로 상황을 판단한다. 긍정과 부정, 양쪽의 이야기를 균형 있게 들으려면 논리나 이성만으로는 부족하다. 아니, 논리적으로 봐도 '부정이의 판단이 맞을 확률'보다는 지금 내가 예측하지 못하는 행복의 가능성이 존재할 확률이 더 높다.

나는 마음의 이야기를 들을 때 그 말이 맞는지, 논리적으로 허점이 없는지를 따지기보다 그 이야기로부터 이어지는 '행동'이 실제로 내 삶을 얼마나 나아지게 할지를 생각한다. 가보지 않은 장소, 만나보지 않은 사람, 해보지 않은 일은 되도록 '일단은' 부딪혀보려 한다.

부정적이고 비관적인 수많은 생각들이 희망과 긍정의 가능성을 논리로 압도해서 고민이라면 원래 비관이 '매력적인 오답'임을 기억하면 좋겠다. 앞서 설명했듯이 본디 비관적인 생각이 이성적으로는 설득력이 있다. 우리의 마음은 본능적으로 새로운 행복을 지향하기 보다는 '적어도' 더 나빠지지 않기를 바라는 경향이 강하며 이를 기반으로 미래를 예측하다 보면 부정적인 생각이 더욱 현실적이고 구체적으로 느껴지기 마련이다. 그렇기에 어떤 선택을 했을 때 나의 삶이 더 행복해지는지를 떠올려보았으면 한다. 오늘의 당신을 웃게 하는 것이 무엇일지 십 년 전의 당신이 상상할 수 없었듯, 먼 훗날의 당신은 지금의 당신이 그리지 못하는 모습으로 행복할 것이기 때문이다.

생각이 너무 많아
고민일 때

☕

찾을 수 없는 인생의 답에 매달리는 대신
'불편함'에 익숙해지기

한 환자에게서 인상적인 표현을 들었다. 생각으로 머리가 풍선처럼 부푸는 느낌이라고 했다. 직장 스트레스로 우울과 불안이 심해졌고, 끊임없이 떠오르는 부정적인 생각을 곱씹으면서 고통을 겪는 중이라고 했다. 단어와 단어가 넘칠 듯이 차올라서, 심할 때는 무슨 생각을 하는지도 모를 정도라는 말도 덧붙였다.

"시작은 프로젝트를 망쳐서 윗사람에게 크게 혼났던 일이었어요. 질책하는 말들을 곱씹다 보면 '나는 왜 이렇게 무능할까', '왜 이것밖에 못할까'에서 '매일 일을 망치기만 하는데 이런 내가 행복할 수 있을까' 이런 생각으로 이어졌어요. 그런데 아무리 머리를 싸매도 결론이 나지 않더라고요. 그러다가 또 어차피 행복하지 못할 인생이라면 왜 이렇게까지 고통을 받으면서 열심히 살아야 하는 걸까

싶기도 해요."

환자의 이야기가 이어졌다.

"그냥 숨만 쉬는 데도 하루하루가 이렇게 힘들다면, 적어도 왜 이렇게 힘들더라도 살아가야 하는지 그 답이라도 알고 싶은데 아무리 생각을 거듭해도 답은 없었어요. 그럴수록 마음은 더 지치고 부정적인 생각에 빠져들고요. 차라리 죽으면 이 생각의 고리에서 벗어날 수 있을까? 그런 생각마저 들어요. 선생님, 도대체 인생의 답은 무엇일까요? 우리는 왜 살아야 할까요?"

30분 이상 이어가던 환자의 이야기는 삶을 지속하는 것의 의미와 죽음에 대한 고민으로 힘없이 끝을 맺었다. 그는 나에게 답을 원하고 있었다. 이렇게 힘든데도 왜 살아야 하는지, 몇 달 몇 년을 책을 읽고 생각하고 고민해도 도달할 수 없었던, 이 고단한 삶을 어째서 이어가야 하는지에 대한 답을.

나는 조심스럽게 이야기를 시작했다.

"그러셨군요. 저도 종종 생각에 빠질 때가 많고, 특히나 사는 게 힘들다고 느껴질 때일수록 그런 경우가 많았어요. 머리가 생각으로 가득 차서 풍선처럼 부푸는 느낌도 분명하게 와닿았고요. 이야기하신 고민들에 객관적인 답이 과연 존재하는지 생각해보면, 이 문제는 개인의 삶과 가치관에 따라 답이 달라지는 주관적인 영역이라는 생각이 먼저 들어요. 한 사람의 상황과 시점에 따라서도 답이 달라질 수도 있고요. 물론 힘들 때 머릿속에 질문이 가득 차고, 그에 대한 답은 무엇일까를 고민하는 건 이상한 일도 아니고, 당연히 들 수밖에 없는 의문입니다. 그런데 그럴수록 '그 답을 고민하는 것이 지금의 내 삶에 어떤 영향을 주고 있는가'를 함께 짚어보면 어떨까 해요."

답을 내리고 싶은 마음과 친해지는 연습

사회와 공동체는 우리에게 답을 찾아야 한다고 가르친다. 학교에서는 시험 문제에 대한 답을 가르치고, 회사에서는 성과를 낼 수 있는 방법을 찾으라 요구한다. 그러한 경험을 반복하며 우리는 고민이나 의문에 나름대로의 답을 찾아내야 마음의 안식을 얻을 수 있다는 강한 확신을 가지게 된다. 살다가 품는 의문들에 반드시 답을 찾아야 한다는 생각을 끊임없이 학습하고 내재화하는 것이다.

그러나 시험문제의 답은 정해져 있지만 삶의 답은 그렇지 않다. 존재하는 것인지도 모호하다. 누군가가 이야기하는 삶의 의미란, 그 시점의 그 사람에게만 국한되는 매우 주관적인 담론일 뿐이다.

우리가 그토록 답을 내릴 수 없는 생각에 몰두하는 이유를 세밀하게 살펴보면, 이는 '모호하고 현학적인' 생각에 몰두해 '현실적이고 구체적인' 실제 고민을 잊으려는 시도일 수 있다. 삶의 불확실성 때문에 불안이 심한 나머지 생각 속에서라도 삶을 온전히 통제하고 싶은 욕구일 수도 있고, 생각이 정리되고 명확히 답을 내려야만 내가 원하는 삶을 살 수 있을 것이란 믿음이 마음 깊이 자리잡고 있기 때문일 수도 있다.

그러나 중요한 것은 '그렇게 생각에 몰두하는 것이 실제로 내 삶에 어떤 영향을 주고 있느냐'다. '생각에 몰두'하는 방법은 대개 불안을 더욱 가중시키고 우리를 답을 찾기 힘든 상황 속으로 빠뜨리곤 한다. 답을 내릴 수 없는 고민, 답이 정해져 있지 않는 삶에 대해서 어떻게든 답을 내리려 생각에 몰두하다 보면 집을 나서서 지나치는 풍경, 만나는 사람들과의 대화, 좋아하는 취미를 이어갈 여

력 같은 것들에는 시선을 전혀 두지 못한 채, 오로지 생각과 씨름하다 하루를 모두 날려버리기 쉽다.

그럴수록 답답하고 초조해진다. 힘들수록 답을 내리려 하는 것이 습관이자 패턴이었다면, 그럴 때마다 더욱 더 생각에 몰두하게 될 것이다. 악순환은 끝없이 이어진다.

그래서 나는 환자에게 찾는 답을 알려드리진 못할 것이란 이야기를 솔직히 하고 생각에 몰두하는 대신 '답을 내리고 싶은 마음', '답이 내려지지 않아 불편한 마음'과 친해지는 연습을 하면 어떨까 제안했다.

마구잡이로 떠오르는 여러 고민과 의문에 대해 모두 답을 내리는 일은 본디 힘들다는 사실을 받아들이면 그간 잘 보이지 않았던 지금 할 일, 혹은 하고 싶은 일들이 보이기 시작한다. 삶의 의미나 정답을 떠올리며 하루를 시작하는 것이 아니라, 해야 할 일이나 때로는 하고 싶은 일을 하며 '그냥' 하루를 살아보는 것이다.

딱 그만큼의 소소한 소중함

삶을 신중하고 깊이 있게 성찰하는 일은 분명 필요하다. 다만 그러한 생각에만 매달리면 오히려 삶과 현실에서 멀어질 수도 있다. 만약 당신이 인생의 답을 내리기 위해 과도하게 생각에 몰두하는 것이 고민이라면, 답이 내려지지 않는 그 불편함을 일상의 일부로 안은 채 '그냥' 살아보기를 권한다.

그는 요즘 진료실에 올 때마다 풍선에 바람이 많이 빠졌다는 이야기를 한다. 여전히 왜 사는지는 모르겠지만 그냥 좀 괜찮은 하루가 이어진다고 했다. 처방한 우울증 약과 항불안제의 효과였을지, 우리가 연습하기로 한 새로운 시도 덕이었는지는 모르겠다. 첫 방문 당시의 증상 정도로 미루어 보았을 때 약물의 효과를 빼고서는 그가 호전된 이유를 온전히 설명하기는 힘들다. 아무렴 어떤가. 나는 그가 구해지지 않는 답만을 찾아 헤매던 예전의 일상보다 답이 나오지 않는 불편함과 친해지려 노력하며 살아가는 하루를 더 마음에 들어 한다는 사실이 그저 반갑다.

그는 편해진 마음만큼 여유가 생겨서 강아지와 산책을 할 수

오늘 하루를 괜찮게 보내는 마음들

있게 된 것이 가장 좋다고 했다. 사랑하는 강아지가 즐거워하는 모습이 예뻐서 돌아다니다 보니 새삼스레 바깥 공기가 상쾌했고, 집에 돌아와 강아지의 발을 씻기고 나서 따뜻한 물에 샤워한 뒤 뽀송한 느낌으로 소파에 누워 유튜브를 보는 것이 참 좋다고 했다. 사실 그에게 필요했던 것은 막연한 삶의 의미보다는, 딱 그만큼의 소소한 소중함이었을지도 모른다.

2

슬픔과 불행으로 자꾸만 길을 잃을 때

과거의 아픔으로 죽고만 싶을 땐,
그냥 써보세요

☕

쓰기 노출 치료와 기억의 통합이 주는 평온

외상 후 스트레스 장애(Post Traumatic Stress Disorder, 이하 PTSD)는 인터넷 밈이나 농담에 활용될 정도로 널리 알려지고 가볍게 언급되지만, 실제 임상 진료 현장에서는 치료하기 매우 까다로운 질환이다. 물론 환자에 따라, 또 겪은 트라우마의 종류와 강도에 따라 경과는 천차만별이고 치료 끝에 증상이 호전되어 편안한 일상을 이어가는 이들도 많다. 그러나 오랜 시간 면담과 약물치료를 병행해도 증상이 호전되지 않고 과거의 기억으로 끊임없이 고통스러워하는 경우도 있다.

그러한 PTSD 치료로 최근에 '쓰기'가 도입되어 학계에서 주목하고 있다. 데니스 슬론(Denise M. Sloan)과 브라이언 막스(Brian P. Marx) 등이 제안한 '쓰기 노출 치료(Written Exposure Therapy)'는 지금까지 도입된 어떠한 치료보다도 간결한 구조와 짧은 회기를 통해 심리적 외상을 치유하도록 고안되었다. 총 다섯 차례에 걸쳐 치료가 진행되며 각 치료는 의사와 10분 동안 면담한 뒤, 내담자가 홀로 30분간 사건 당시의 경험을 최대한 자세히 글로 적는 방식으로 구성되어 있다.

다른 치료 방법에 비해 깊고 자세한 면담도, 오랜 치료 기간과 회기도, 숙제도 요구하지 않는 '쓰기 치료'가 효과가 있을까? 발표된 연구 결과에 따르면 쓰기 치료는 이미 효과가 입증된 방법들 못지않게 매우 효과적이며, 치료 중도 탈락률(drop out)이 유의미하게 적다. 그냥 겪었던 아픔을 다시 쓸 뿐인데, 어떻게 마음을 치유하는 걸까? 외상적 경험이 우리를 어떻게 힘들게 하는지를 이해하면 그 비밀을 알 수 있다.

과거의 아픔이 내일의 나를 괴롭힌다면

당신에게도 잊히지 않는 아픔의 기억, 죽음의 공포를 느꼈던 경험이 있는가. 외상적 경험이란 주관적이다. 타인의 시선으로 보았을 때는 얼핏 별것 아닌 것 같은 일들도 나에게는 심각하고 뼈아픈 경험일 수 있고, '어떻게 그런 일을 겪고도 잘 살아가시나요?'라고 다른 이들이 반문할 만큼 평온한 하루를 이어가는 경우도 있다.

친구와 주먹다짐을 하거나 길을 가다 넘어져 무릎이 깨졌던 정도의 경험은 마음속에 외상으로 남지 않는다. 이런 경험은 평소에 잘 떠오르지도 않고 일상에 지장을 줄 만한 불안이나 혐오감을 유발하지 않는다. 이미 그 일은 '과거에 일어난 것'이라는, 어찌 보면 당연한 사실을 뇌에서 충분히 인지했기 때문이다. 즉 마음이 그 사건을 지금 일어나는 일이 아니라 과거에 일어났던 일로 기억 회로에 통합했기 때문이다.

그런데 홀로 생존할 수 없던 어린 시절에 겪은 방임·폭언·구타와 같은 학대, 오랜 시간 동안 노골적이거나 교묘하게 또래 집단으로부터 소외되었던 따돌림, 죽음의 공포에 직면하거나 동승자가 사망한 교통사고 같이 죽음의 공포에 상응하는 상처는 우리의 마음이 '과거에 있었던 일'로 인식하지 않는다. 현재까지 지속적으로 불안과 혐오를 재생산해 동일한 상황을 회피시켜 자신을 보호하려는 본능 때문이다.

따돌림으로 고통받은 마음은 낯선 사람을 보기만 해도 예전의 아픔과 두려움을 고스란히 느낀다. 끔찍한 자동차 사고에서 가까스로 살아남은 사람은 차를 타는 상상만 해도 정신을 잃을 듯 어지러워지고 숨이 가빠진다. 학대 피해자는 별다른 계기가 없어도 갑자기 어린 시절의 격렬한 두려움이 떠올라 꼼짝없이 얼어버리기도 한다.

PTSD의 기억은 과거가 아니라 지극히 현재에 존재한다. 기억 회로에 과거로 통합되지 못한 상처들이 오늘, 지금, 여기에서 지나간 아픔을 재생시킨다. 끝없는 고통의 당사자가 택할 수 있는 길은 회피뿐이다. 외상의 기억으로 고통스러워하는 이들은 두려움을 유발하고 과거의 기억을 지금 일어나는 일처럼 생생하게 느끼게 하는 일이라면 무엇이든 피하고 싶어 한다.

예전에 일어난 일들 그 자체로는 오늘의 나를 위협하지 못하지만, 그 기억은 오늘을 왜곡시켜 나를 다시 끔찍한 과거에 가두고 위협할 수 있다. 오랫동안 유학을 다녀온 자식을 마중 가고 싶지만 차를 탈 수 없는 부모, 직장에 다니고 싶지만 왕따를 당했던 아픔이 자꾸만 떠올라 집을 나설 수 없는 취업 준비생, 어린 시절 양육자에게서 버림받을 때와 같은 아픔을 다시 겪을까 봐 연애 관계를 정리해버리는 20대. 또 그런 일이 일어날 거야, 저 사람은 나를 그토록 괴롭혔던 그들과 비슷할지도 몰라. 그렇게 과거의 아픔에서 비롯된 두려움이 오늘의 현실을 뒤틀고, 기억은 그렇게 지속적으로 나를 괴롭힌다.

과거를 과거롭게 하는 글쓰기의 힘

차를 탈 수 없어 걷고, 사람이 두려워 관계를 회피하면, 즉 외상에서 기인한 두려움으로 현재의 행동을 결정하면, 그 외상적 기억은 '현재 일어나는 일'이 된다. 이성은 당연히 트라우마를 일으킨 사건이 과거에 일어난 일임을 충분히 알고 있지만 PTSD 환자들의 심리는 그렇지 않다. 생리적으로 그들의 뇌에서 일어나는 현상은 차 사고를 오늘 한 번 더 당하는 것, 따돌림이나 학대를 지금도 받고 있는 것과 크게 다르지 않다.

그에 반해 글쓰기는 지금 여기, 조용한 면담실에서 홀로 '현재의 내가 과거의 일을 복기하는' 것이다. 쓰기 노출 치료에서의 쓰기는 과거를 '과거롭게' 한다. 이 글쓰기는 조금 특별한데, 과거에 일어난 일을 지금의 내가 돌아보고 재생산한 내용을 쓰는 것이 아니다. '과거에 힘들었던 경험'을 현재 시제로, 지금 경험하듯 쓴다. 어떻게 힘든지, 주위의 풍경은 어떤지, 어떤 생각이나 감정이 드는지, 심지어 주위의 온도는 어떻고 냄새는 어떤지를 최대한 자세하게 쓴다. 그것이 전부다. 쓰려는 시도 자체만으로 역겨움과 구역질이 밀려올지도 모르지만 그런 감정을 고스란히 안고서, 당장이라도 펜을 던져버리고 싶은 분노까지도 끌어안은 채 쓴다.

글을 쓰는 과정에서 예전의 일을 떠올리는 일과 글의 내용이 통합되어, 이 기억들이 지금 일어나는 것이 아니라 과거에 일어났다는 사실이 비로소 내면 깊숙이 새겨진다. 쓰면 쓸수록 그에 상응하는 감정적·생리적 반응도 줄어든다. 마음이 격렬한 글 속 현장은 과거이고, 지금의 나는 예전의 나를 위협하는 것들이 존재하지 않는 고요하고 평온한 면담실에 있다는 것을 점차 인식하기 때문이다.

당신이 원하는 오늘을 보내고, 원하는 관계를 맺고, 원하는 삶을 사는 데 과거의 상처가 자꾸만 떠올라 가슴이 터질 듯 뛰고 숨이 막힐 것만 같은 두려움이 밀려온다면, 그 두려움으로 인해 힘들다면 떠올리고 싶지 않아 몸서리쳐지는 그 기억에 대해 써보자.

아픔을 긍정적으로 해석하거나, 나는 앞으로도 이럴 수밖에 없을 것 같다고 비관하거나, 왜 인생이란 이다지도 원하는 것과 다를 수밖에 없는지를 체념하는 글이 아니라 그때 어떤 일이 있었는지, 그 과정을 지나는 나의 마음은 어떠했는지를 있는 그대로, 담담히 적어보자.

글로 옮기면서 과거는 과거로 남고, 현재는 과거의 속박에서 벗어날 수 있다. 생생했던 트라우마의 아픔들이 오래전의 경험임을 마음 깊이 느낄수록, 그것들이 지금 이 순간의 내 마음에 미치는 영향력은 서서히 힘을 잃는다.

아름다운 추억만 앨범에 남겨야 하는 것은 아니다. 오히려 고통스럽고 힘든 기억일수록 '지나간 경험'이라는 앨범 속에 자리를 만들어주어야 한다. 어린 시절 귀신이 떠올라 무서운 마음에 이불을 뒤집어쓰고 눈을 꼭 감았는데 끝없이 상상의 나래가 펼쳐지며 두려움이 증폭된 경험처럼, 아픈 기억들도 '기억하고 싶지 않아',

'떠올리고 싶지 않아'라고 외면할수록 더욱 선명하게 떠오른다. 그리고 만나야 할 사람들, 시도해야 할 일들과 같이 지금 이 순간 내게 소중한 것들을 회피할수록 과거의 상처는 현재에 생생하게 재생된다.

기억하고 싶지 않은 아픔을 돌아보고 이를 글로 남기는 일은 결코 쉽지 않다. 때로는 내가 왜 이렇게 다시 고통을 받아야 하는지 화가 날지도 모른다. 그럼에도 나는 당신이 용기를 내보면 좋겠다. 이미 수많은 사람의 아픔을 치유한, 쓰기가 주는 위로가 당신에게도 닿았으면 좋겠다.

쓰는 과정에서 되살아나는 아픔, 공포, 초조함, 눈물이 지금 일어나는 일이 아니라 더 이상 느끼지 않아도 되는 오래된 것임을 자각하고, 나는 그때와는 다른 현재 속에 살고 있다는 것을 충분히 느껴보기를 바란다. 지난 시간을 바꿀 순 없지만, 늘 마음속에서 도드라져 있던 '그때'의 기억이 다른 기억들처럼 바래질 때의 평온함을 당신이 느낄 수 있기를 기도해본다.

마음은
빼기가 아닌 더하기만 가능하다

잊고 싶은 기억 때문에 아파하고 있다면

정신과 의사로서 꼭 손에 넣고 싶은 도구가 하나 있다면 '기억 가위'다. 진료실을 찾는 이들의 기억 중 지우고 싶은 것들을 적당히 골라 잘라낼 수 있다면 얼마나 좋을까.

많은 이들이 아픈 기억을 잊음으로써 마음의 평안과 행복을 구하려 한다. 마음을 떠나지 않는 이 아픈 기억이 사라지면 그에 따르는 두려움과 슬픔도 소멸되지 않을까. 비로소 행복해지지 않을까. 마음의 고통을 대하는 이러한 자세는 우리에게 참 익숙하고도 당연하다.

그러나 아픈 기억과 그로 인한 힘든 감정을 마음에서 제거하려는 노력은 종종 무위로 돌아간다. 어느 정도 시간이 흘러 잊었다고 생각할 즈음 지나간 아픔들이 되살아나 우리를 괴롭히기 때문이다.

기억과 트라우마에 대한 분자생물학, 뇌 영상의학, 심리학 연구들은 이러한 우리의 경험이 단지 느낌만이 아님을 증명한다. 특히 이미 형성된 기억이나 습관은 소멸될 수 없고 단지 변형되거나 대체될 수 있다는 뇌에 관한 최신 연구들이 점점 정설로 받아들여지고 있다.

유명한 파블로프의 개 실험을 예로 들어보자. 개에게 밥을 줄 때마다 종을 울리면 개는 종소리만 듣고도 침을 흘린다. 그런 조건화가 형성된 개에게 종소리만 들려주고 밥을 주지 않으면, 개는 점차 종소리를 듣는 것만으로는 침을 흘리지 않게 된다.

과거 과학자들은 이러한 반응을 '소거'라 불렀다. 즉 이미 형성된 '종이 울리면 침을 흘린다'라는 조건화가 사라졌다고 본 것이다. 그러나 현대의 뇌 과학 연구는 이러한 반응을 조건화가 소멸된 것이 아니라 '종이 울려도 밥을 주지 않는다'는 다른 조건화로 대체된 것으로 본다.

어쩐지. 힘들거나, 부끄럽거나, 잊고 싶었던 기억들이 잊었다 싶었는데 꼭 다시 떠오르는 이유는 우리의 뇌가 그렇게 생겨먹었기 때문이었다.

연애가 인생의 중요한 관심사였던 20대 때, 연애에 실패한 적이 있다. 만남의 기억이 아름다웠기에 이별 후가 곱절로 힘들었다. 한참 힘들어하던 내게 주변의 자칭 '연애 고수'들은 잊어야 한다고 조언했다. 이제는 그 사람 잊고 잘 지내야지, 더 좋은 사람 만나야지, 예전의 너로 돌아가야지. 맞는 말이라고 생각했고 잊으려 노력했다.

그런데 '잊는다'는 말에는 모순이 있었다. '더 이상 그를 기억하지 않아', '그 기억은 지웠어'라고 말하는 순간 내 마음속에는 그와 함께했던 기억이 '한 번 더' 떠올랐다. 밝게 웃으며 하루를 보내고, 친구들과 만나 술잔을 기울이며 '이제는 다 잊었지'라고 호기롭게 말했다. 하지만 그 순간 나는 그토록 잊고 싶은 그때의 기억을 한 번 더 떠올리고 말았다. 그러고는 다시 힘들어했고 그 과정을 수없이 반복했다.

여러 해가 흐르고, 여러 인연과 만나고 또 헤어지면서 과거의 기억은 점차 흐려졌다. 하지만 완전히 잊지는 않았다. 가만히 떠올려보면 기억은 늘 그 자리에 있었다. 단지 떠올리는 것 자체를 잊었을 뿐이다. 달라진 일상 때문에 떠올리면 아픈 순간들이 마음에 존재한다는 사실, 그런 기억을 잊고 싶어 했다는 사실 자체를 잊고 지냈던 것이다.

이미 만들어진 기억을 사라지게 하기는 어렵지만, 그 기억보다 더 소중한 기억을 쌓아갈 수는 있다. 조금 더 어린 날 미리 알았더라면 참 좋았을 삶의 원리다.

지우고 싶은 기억만 깨끗이 끄집어내 없애는 방법, 그 일이 없었던 이전의 나 자신으로 돌아가는 방법은 없다. 과거의 상처를 지우고 싶다면 역설적으로 그 상처에 연연하는 마음을 먼저 내려놓고 그걸 깨끗이 없앨 방법은 없음을 겸허히 인정해야 한다. '잊고 싶다'라는 생각이 드는 순간 그 지우고 싶은 기억을 한 번 더 떠올리는 것이 우리 마음의 원리이기 때문이다.

그래서 우리에게 필요한 것은 오늘을 살아가는 태도다. '지금 당장은' 어쩔 수 없이 그 기억이 떠오르고 그로 인해 아프다는 사실을 받아들이면서 내가 보내고 싶은 하루를 사는 것이다.

예를 들어 '이별의 슬픔을 잊기 위해' 여행을 떠나는 것은 그리 효과적이지 않다. 여행지에서 맞는 순간순간마다 아픔이 얼마나 사라졌는지를 살핀다면, 그다지 사라지지 않은 기억과 슬픔 앞에서 꾸준히 좌절하게 될지도 모른다. 그리고 그 답답함과 막막함으로 인해 아름다운 여행지의 풍경, 이색적인 음식의 맛 같은 여행에서 누릴 수 있는 기쁨은 전혀 느끼지 못할 것이다.

그 대신 이별의 아픔은 어쩔 수 없는 것이라 받아들이고, '이별 때문에 슬픈 채로' 여행을 떠날 수 있다. 슬픔을 잊기 위해 떠나는 것과 슬픈 채로 떠나는 것은 전혀 다르다. 지금 내가 슬픈 것은 당연하다고 스스로를 다독이며, 여행 자체가 주는 안식과 기쁨을 느껴보는 것이다. 〈여수 밤바다〉의 선율이 어울리는 거물거물한 바다, 철썩철썩 파도 소리를 들으며 그 위에서 일렁이는 달빛을 바라보고, 머리칼을 스치는 바닷바람의 상쾌함을 느끼는 시간. 과거의 기억을 없애주진 않지만, 그 자체로 소중한 시간이다. '아픔을 안은 채로' 소소한 평온과 안식을 쌓아가다 보면 어느 날 문득 마음이 조금 괜찮아져 있을지도 모른다.

추억하는 것을 잊는 일

하루만큼의 업무, 한 번의 여행, 한 달 치의 운동이나 취미 생활을 통해 아픔의 기억이 사라질 것이라는 보장은 없다. 단지 그렇게 내게 필요하거나 소중한 것들을 쌓아가다 보면 나도 모르는 사이에 마음이 예전의 아픔을 떠올리는 것보다 더 중요한 다른 일들에 시선을 두게 될지도 모른다.

사라지는 기억은 없다. 그러나 지금 여기의 삶에 충실할 때, 하루하루 더욱 소중한 것들이 늘어갈 때 과거의 기억을 회상하며 아파하는 시간은 줄어간다.

만약 당신이 과거의 기억과 그로 인한 상처를 잊는 방법을 찾고 있거나 그런 시도가 늘 좌절로 끝나 눈물짓는 중이라면 이 이야기를 건네고 싶다. 그 과거는 당신의 마음 한구석에 늘 자리하고 있을 테지만, 삶을 이어가다 보면 그 기억을 잊어야 한다는 사실 자체를 잊게 되는 순간이 꼭 찾아올 것이라고.

그러니 우리를 괴롭히는 경험이 마음에서 떠나지 않는다면, 그 기억과 아픔이 사라지기 전까지 일상을 유예하기보다는 그저 오늘 하루를 이어가보자. 지금의 삶에 몰입하느라 추억하는 일을 잊는 것, 그것이 뺄셈은 없고 덧셈만 있는 우리의 마음이 할 수 있는 유일한 망각이니까.

슬픔이 사라지면
정말 행복해질까

☕

우리가 원하는 '정상적인 마음'은 존재하지 않는다

우울하다. 하루 종일 우울하고, 입맛도 없고, 무기력하고, 아무것도 할 수 없을 듯한 느낌이다. 말로만 듣던 우울증이 내게도 찾아왔나 보다. 치료가 필요하다. 치료만 하면 우울증이 사라져서 기분이 좋아지고, 힘도 나고, 예전의 내 모습과 정상적인 마음 상태로 돌아오고, 또 행복해질 것이다.

좋다. 치료를 통해 우울증이 사라졌다(말처럼 쉽지 않지만, 그렇다고 가정하자). 그런데 기분이 나아졌다고 해서 삶이 바뀌지는 않았다. 여전히 상사는 짜증나게 굴고, 돈은 없는데 써야 할 곳은 계속 늘어난다. 아끼고 아껴 한 달에 100만 원을 꼬박 저축해도 집값은 수개월 사이에 1억 원이 오른다. 도대체 이 세상은 나에게 어쩌라는 걸까. 불안하고 지친다.

앗, 마음속에서 또 다른 문제가 발견되었다. 바로 불안이다. 출근하려고 하면 숨이 막히고 가슴이 두근거려 죽을 것만 같다. 사람들도 다 피하고 싶다. 말로만 듣던 공황장애인가? 해결하기 전까지 행복은 유예해야 하는 사치다. 치료가 필요하다. 병을 없애야 한다. 하루에도 몇십 번 인터넷에서 우울과 불안에 대한 글을 검색하고 책을 찾아 읽는다.

불안은 또 언제쯤 사라질까. 사라지면, 행복이 찾아올까? 아니, 행복이란 도대체 무엇일까?

마음을 온전히 조절하고 통제할 수 있을까

삶은 문제 해결의 연속이다. 살아가는 데 돈이 필요하다는 문제를 해결하려고 입시를 견디고 취업 문턱을 넘는다. 외로움을 해결하려고 정을 나눌 사람을 찾는다. 병을 고치려고 병원을 찾는다. 지금 내게 무엇이 부족한지를 따져 이를 해결하는 것, 삶을 살아가는 익숙한 방법이다.

우리는 마음이 힘들 때도 같은 방법을 적용한다. '지금 내 마음이 힘든 건 무엇 때문일까?', '무엇이 잘못되어서 그런 걸까?'를 따져보고, 그렇게 발견한 마음의 구멍, 우울, 불안, 무능함, 무력함, 죽고 싶은 생각 따위를 해결해야 할 문제로 설정한다. 그 문제가 사라지면 행복해지거나, 최소한 괜찮아질 것이라 상상한다.

병은 비정상을 의미한다. 비정상은 원래 그러면 안 되는 무언가가 잘못된 상태를 말한다. '지금 나는 우울증을 앓고 있어'라는 말의 속뜻은 '지금 내 마음은 우울이라는 비정상적인 상태가 되었으니 이를 고쳐서 정상으로 돌아와야 해. 그러면 내 마음도 괜찮아지고, 난 행복해질 거야'라는 의미이다.

실제로 정신의학은 이러한 도그마 내에서 성장해왔다. 우울은 해결되지 않은 내적 갈등 때문이다, 마음의 아이가 울기 때문이다, 세로토닌의 불균형 때문이다, 뇌의 구조적 문제 때문이다……. 정신의학의 역사는 이렇듯 힘든 마음의 원인을 분석하고 이에 대한 치료 방법을 찾는 과정의 연속이었다. 그리고 새로운 치료법이 개발될 때마다 이렇게 소개되었다. '지금까지 알지 못했던 이 힘든 마음의 원인과 그 치료법을 드디어 밝혀냈다. 이제 마음의 고통에 종

말을 고할 때가 왔다.'

그러나 안타깝게도 어떠한 방법도 완전히 마음의 고통을 종결시키진 못했다. 수천 년 전부터 인간은 우울과 불안에 대해 철학적으로 사유하고 과학적으로 연구해왔으며, 수많은 관점과 치료법이 도입되었다. 그러나 여전히 많은 사람들이 우울해하거나 초조해한다.

혹자는 말한다. 그 이유는 아직까지도 완벽히 병의 원인을 규명하고 마음 구조에 대한 기계적인 매커니즘을 밝혀내지 못해서라고. 세로토닌과 우울의 연관성, 변연계의 활성과 불안의 상관관계 같은 힘든 마음의 원인에 대한 수많은 연구가 이루어졌음에도 아직 충분하지 않다는 것이다. 따라서 연구에 연구를 거듭하면 마음의 구조에 대해 완벽하게 알 수 있고, 작은 알약 하나를 개발해 우리의 마음을 온전히 통제하고 조절할 수 있으리라는 환상이 여전히 남아 있으며 그러한 환상에 따라 원인과 치료법을 알아내는 데 매진한다. 그렇게 우리는 스스로를 괜찮게 해줄 무언가를 애타게 기다리며 살아간다.

우리가 도달하고자 하는 마음이 어떤 것인지, 어떤 마음으로 살아가는 사람이 되고 싶은지 먼저 살펴보자. 마음이 우울하면 안 된다고 생각하는 사람에게 우울은 커다란 문제이다. 우울한 기분이 존재한다는 것은 자신이 잘못되었고 비정상이라는 증거이기 때문이다.

마찬가지로 불안하거나 초조해서도 안 된다. 사람을 대할 때 부정적이고 왜곡된 생각 없이 편안히 대할 수 있어야 하고, 늘 마음에 긍정적인 생각이 가득해야 한다. 부정적인 생각은 문제이고, 문제는 고쳐야 하니까.

자존감이 낮아서도 안 된다. 있는 그대로의 자기 자신을 사랑할 수 있어야 하고, 아픈 과거도 끌어안고 포용할 줄 알아야 한다.

이런 사람이 존재할까. 희노애락을 초월한 사람이 만약 존재한다면 그를 인간이라 할 수 있을까. 그는 행복할까. 그렇게 되어야만 비로소 행복해질까.

우울·불안과 같은 감정, 부정적인 생각들은 우리에게 상당한 불편감을 일으키고 우리의 마음은 거기에만 머문다. 그래서 우리는 이러한 것들이 마음속에서 깨끗이 사라지기를 원한다. 그것이 사라지기 전까지는 나의 삶, 행복이 멈춘다.

무심코 하는 말 속에 우리의 심리 상태가 잘 드러난다. '이렇게 우울한데 무슨 사람을 만나.' '불안해 죽겠는데 일이 손에 잡히겠어?' '마음이 괜찮아져야 뭘 하든지 하지.' 우리는 우울함, 초조함을 마치 마음에 갑자기 출현한 괴물처럼 실체가 있는 것으로 여긴다.

'눈이 내린다'고 했을 때의 눈은 실체가 있는 물질이지만, '내린다'는 것은 눈이 하늘에서 떨어지는 현상을 묘사한 것이다. 눈은 구름의 양, 대기의 온도 같은 조건이 충족되었을 때 내리다가 그 조건이 사라지면 그친다.

마음 상태도 이러한 자연 현상에 빗대어 설명할 수 있다. 마음이 힘들다는 것은 힘듦이라는 실체가 생겨났다가 없어지는 것이 아니라, 과거의 상처, 오늘의 속상함과 버거움 같은 요소들이 '마음에 내리는' 현상이다. 즉 힘듦이란, 힘들 만한 조건이 충족되면 마음에 내리다 시간이 지나 그 이유가 없어지면 그친다. 따라서 괜찮지 않으면 아무것도 할 수 없다는 생각으로 살아가는 오늘 하루는 내일의 힘든 마음에 밑거름이 된다. 해야 할 일은 미룰수록 시작하기 어려워지고, 사람은 피할수록 만나기가 두려워진다.

　살다 보면 아무리 애를 써도 관계가 무너지는 순간이 찾아오고, 아무리 노력해도 벽에 가로막힌 듯한 좌절을 경험하기도 한다. 괜찮다는 말로 다독이고 억지로 좋은 생각을 떠올려도 스스로를 사랑할 수 없는 순간이 찾아온다. 이는 내가 얼마나 잘 살았는지, 얼마나 삶을 진심으로 대하는지와는 상관이 없다. 당연히 응시하는 시험마다 합격하면 좋겠고, 거울만 봐도 스스로에 대한 사랑이 샘솟으면 좋겠다. 그러나 삶은 그렇지 않다. 그러니 자기 자신이 싫어질 때 스스로를 사랑할 만한 이유를 찾느라 고심하는 대신, 때로는 그럴 수 있다고 그냥 인정해야 오늘은 좀 못난 것 같은 나의 일상을 이어갈 수 있다. 그렇게 하루하루를 살아가다 보면 어느 날 문득 지금 상상하기 어려운 모습으로 찾아올 행복도 맞이할 수 있다.

원하지 않는 날씨를 피할 수 없다면

부정적인 마음이 사라져야 비로소 '정상적인 나, 정상적인 마음'이

되어 행복할 수 있다고 믿는 것은 '매일의 날씨가 내가 원하는 대로 되어야만 기쁠 수 있고 원치 않는 날씨는 반드시 해결해야 할 문제다'라고 믿는 것과 같다. 그런 사람이 화창한 날씨를 원하는데 비가 온다면, 왜 비가 오는지 원인을 분석하고, 비가 내리지 않는 방법을 찾는 데 몰두할 것이다. 물론 이러한 시도가 아예 무의미한 것은 아니다. 운이 좋다면 일 년 중 비가 오는 날을 100일에서 90일로 줄일 수 있을지도 모른다.

그러나 그렇게 비 오는 날이 줄어들면 행복할까. 비를 없애기 위해 골몰하는 이의 머릿속에는 '비'만 있다. 대기의 변화, 비가 생기는 원인, 비바람이 심해지는 조건에 대한 지식들이 가득한 반면, '비가 아닌 것들'은 어디에도 없다. 해가 뜨는 것이 그리워 비를 그치게 하려는 동안 마음은 비로 가득 찬다.

비가 내리는 동안 우리의 삶은 멈춘다. 내가 그토록 원하고 바라는 나의 모습과 행복은 그 멈춘 삶 속에 있다.

힘든 마음은 있어서는 안 될 문제나 운이 좋지 못해 생겨난 질환이라기보다 완벽하지 않은 우리가 만만치 않은 세상을 살아가며 자연스레 마주치는, 원치 않는 날씨 같은 것이다.

당신은 스스로가 상상하는 정상적인 사람이 되지 못할지도 모른다. 괜찮다. 그런 정상적인 사람은 존재하지 않는다. 정상적인 사람, 괜찮은 마음이란 관념 자체를 우리가 만들어낸 것이다.

오늘의 기분이 우울하든 즐겁든, 무기력하든 활력에 넘치든, 스스로가 사랑스럽든 혐오스럽든 우리에게는 소중한 것, 혹은 원하는 것들이 있다. 마음에 담고 있는 책의 한 문장이 있고, 음미하고 싶은 순간이 있다.

나는 기분이 울적할 때면 바다를 찾는다. 소파에 앉아 멍하니 우울한 기분을 없앨 방법을 고민하는 시간보다는 커피 한 잔을 들고 바다를 바라보는 시간이 더 마음에 들기 때문이다. 좋아하는 책을 들면 금상첨화다. '아무것도 못 하겠다'는 무력감이 밀려올 때는 너무 높은 목표, 지나치게 많은 해야 할 일을 떠올리느라 압도당한 것은 아닌지 살펴본다. 그리고 지금 내가 할 수 있는 가장 작은 일을 시작한다. 예를 들어 중요한 발표를 앞두고 부담에 짓눌려 피하고 싶다는 느낌과 무력감만 들 때는 '컴퓨터 전원을 켜고 파워포인트 프로그램 시작하기'를 목표로 삼는다.

사소한 이 행동은 의외로 많은 것을 바꾼다. 중요한 일에서 멀어지고 있을 때의 무력감이 조금씩 걷히고 그 일에 다가가고 있다는 활력이 찾아온다. 모든 일을 그만두고 싶다는 생각이 '아무것도 하지 않기'라는 행동을 통해 사라지는 경우는 드물다.

행복은 정상적인 사람, 괜찮은 마음이 되면 주어지는 훈장이 아니다. 마음에 드나드는 기분과 생각을 그저 알아차리고 바라보긴 하지만 그와 무관하게 내가 원하는 나와 내 삶의 모습에 다가가는 무언가를 하고 있다는 느낌 그 자체가 행복이고, 이것이 우리에게 살아 있다는 느낌을 일깨워주며, 살아갈 힘을 준다.

그래서 당신에게 괜찮아지기 위해서 살아가는 것이 아니라, 그냥 살아가기를 권한다. 괜찮은 사람이 되기 위한 하루가 아니라, 내가 바라는 내가 되기 위한 하루를 보내기를 권한다. 괜찮아지기 위해서 마음속을 괜찮지 않은 것들에 대한 분석과 고찰로 가득 채우는 대신, 당신이 좋아하는 것, 사랑하는 사람, 하고 싶은 무언가에 대한 것들로 채워보기를 권한다.

안타깝고 짜증나지만 삶은 우리에게 힘든 마음에서 벗어날 자유를 주지는 않는다. 대신 그 마음을 품은 우리가 오늘 하루를 어떻게 보낼지는, 전적으로 우리의 자유다.

죽고 싶은 생각보다
더 신경 쓰이는 것들

☕

내가 살아가고 싶은 삶은 어떤 모습인가

환자가 음원 발매 소식을 알려왔다. 취미로 음악을 즐기고 싱어 송 라이터를 꿈꾼다는 것은 알았지만 정식 가수가 될 만큼의 실력자인지는 미처 몰랐다. 진료 기간 동안 조금씩 준비한 음원을 드디어 등록했다는 그의 미소에는 뿌듯함이 가득했다.

"축하해요. 같이 들으면 쑥스러울 수도 있으니 혼자 있을 때 꼭 들어볼게요."

진료실 문이 닫히자마자 음악 어플에 검색해보니 바로 연관 검색어와 함께 음악이 나온다. 평소 면담 때 들어온 차분한 음성이 아닌 한층 높은 톤이지만, 편안한 음색에 마음이 녹는다. 처음 만났을 때 자기 방 서랍 한 칸에 죽으려고 차곡차곡 모아둔 알약이 있다고, 오늘이라도 그것을 털어먹을지 모르겠다고 이야기했던 그였다.

이상할 것 없는 마음들

죽음은 의외로 우리 가까이에 있다. 오늘 당신이 마주친 수많은 사람들 중 누군가, 혹은 당신이, 죽음을 마음속에 떠올렸을지 모른다.

정신과 진료를 고려하는 사람들을 상상할 때 흔히 매우 절박한 상황에 놓인 이들을 떠올리곤 한다. 사업에 실패해 빚더미에 앉거나 가족에게서 충분한 사랑을 받지 못했거나 심각한 트라우마를 경험한 사람일 것이라 암묵적으로 상상하는 것이다. 물론 그런 경우도 없는 것은 아니지만 진료실을 방문하는 사람 다수는 (대외적으로 보았을 때) 그렇게까지 비참한 상황에 놓여 있지 않다. 따뜻한 가정환경이나 건강한 신체, 안정된 직업을 가진 사람도 우울의 심연으로 빠져들기도 한다.

(자살에 대한) 평생 발병률에 대한 연구는 모든 사람의 약 10퍼센트는 어느 땐가는 자살 시도를 할 것이며 다른 20퍼센트는 자살 생각과 싸우다 결국은 자살을 성공시킬 수 있는 계획과 방법을 생각해 낼 것이라는 것을 보여준다. (…) 그래서 전체 인구의 약 절

반은 살아가는 동안 중간 정도에서 심각한 정도에 이르는 수준의 자살 위험성을 겪게 될 것이다. 자살 위험성을 '비정상'으로 본다면 이 수치는 설명이 잘 안 될 만큼 충격적으로 높은 수준이다.

_《수용과 참여의 심리치료 제2판》, 스티븐 C. 헤이스, 커크 D. 스트로살, 켈리 G. 윌슨 공저, 문성원 역, 시그마프레스, 2018년, 3쪽, 14쪽

죽음에 대한 생각은 이토록 흔하지만, 우리가 이를 논하는 것은 터부시된다. 스스로 그러한 생각을 떠올리는 것만으로도 소스라치게 놀라기도 하고, 참고 참다 옥상에 올라 내가 죽으면 슬퍼할 가족들 생각에 눈물만 떨구기도 한다. 들면 안 되는 그런 '나쁜' 생각이 내 마음에 찾아왔다는 그 사실 자체로 자책하고 버거워한다.

그도 그랬다. 가족·사랑·돈 등 우리를 괴롭히는 똑같은 이유로 아파했다. 그의 이야기를 듣노라면 왜 죽음을 생각했는지 전혀 이상하게 느껴지지 않았다. 그래서 그랬구나, 그래서 그렇게 죽고만 싶었구나. 한동안은 그는 내게 넋두리를 하고, 나는 듣는 그런 시간들이 쌓여갔다. 어느 순간부터 우리는 서로 같은 이야기를 하고 있었다. 죽고 싶다기보다 죽고 싶을 만큼 버겁고 힘들다고. 삶을 끝내버

리고 싶다는 그 마음, 그렇지만 죽음은 막막하고 두려운 것이라 이럴 수도 저럴 수도 없는 그 마음들이 모두 이상할 것은 없었다.

그 이후로도 우리는 그동안 모아둔 알약들을 어떻게 없앨지, 하루에도 몇 번씩 스며드는 자살 사고를 어떻게 떨쳐버릴 수 있을지에 대해서 이야기한 적은 없다. 단지 만날 때마다 그러한 생각이 들 만큼 지금의 삶을 힘들게 하는 것이 무엇인지에 대해서만 이야기를 나누었다.

늘 몰두하던 과거의 아픔에 대해서 더 이야기할 게 없을 즈음부터는 그토록 버거운 지금의 내 삶에서 변할 수 없는 것, 받아들여야 할 것은 무엇인지를 이야기했다. 그리고 슬픔과 죽고 싶은 생각을 떨쳐낸 내가 아니라 그냥, 지금 있는 그대로의 내가 살아가고 싶은 삶은 어떤 것인지를 함께 탐구했다.

아침엔 죽고 싶었고, 오후엔 녹음을 했다

그는 진료를 시작한 이후로도 여러 차례 죽고 싶다는 생각을 했다.

심할 때는 날카로운 것들로 몸을 긁기도 했다. 그리고 우울·자살 사고·자해 행동 같은 '증상을 극복하기 위해서'가 아니라 그냥 하고 싶어서, 그것을 하고 있는 자신이 좋아서 멜로디를 만들고 가사를 썼다. 아침엔 죽고 싶었고, 오후엔 녹음을 했다. 침대에서 나올 수조차 없는 느낌, 아무것도 할 수 없다는 그 느낌도 이겨내거나 없애려 하는 대신, 그럴 때마다 그런 감정을 느끼는 자신을 이해해주기로 했다.

그는 종종 우울했고, 아무것도 할 수 없을 것 같은 생각이 들었으며, 때론 아무것도 하지 못한 채 죽고 싶기만 했고 그리고 음악을 했다. 곡을 쓰기 위해 꾸준히 의사와 면담을 하고, 자신의 음악을 세상에 알려줄 사람들을 찾았다.

그 과정에서 얼마나 많은 시도와 눈물이 반복되었을까. 침대에서 일어나는 것부터 그에게는 투쟁이었고, 음반사에 가기 위해 지하철을 타는 것은 기적 같은 일이었다. 그런 버거움을 마주할 때마다 어떻게 하면 침대에서 일어날 수 있을지, 지하철을 타기 전에 생기는 두려움을 어떻게 없앨지를 고민했다면 아마 우리는 오히려 그 무기력과 두려움 곁을 영원히 맴돌았을지도 모른다.

대신 우리는 그가 지금은 죽고 싶어 한다는 사실을 있는 그대로 받아들이기로 했다. 그리고 '그런 그가' 원하는 것은 무엇인지, 그것을 위해 어떻게 노력할 수 있을지를 함께 이야기했다. 어떻게 이 슬픔에서 벗어날까란 생각, 그 끝없는 늪에 뛰어드는 대신 그 늪가에서 피어난 잔디에 앉아 슬픔을 노래하기로 했다. 우울이 만들어주는 음악이 그는 좋다고 했다. 음악을 하고 있자면 살아볼 만한 것이 삶이구나라는 생각이 든다고 했다.

한 곡 반복 재생 버튼을 누르고 퇴근길 내내 그 노래를 들었다. 남들에게는 그저 스쳐지나가는 노래 한 곡이겠지만, 내게는 그의 시간들이 고스란히 담긴 결실이다. 그래서 그런지 죽고 싶어했던 그가 선사한 노래에는 살아볼 만한 것이 인생이라는 느낌이 가득했다.

어느 순간부터인가 우리는 그가 모아둔 약에 대해서는 이야기하지 않게 되었다. 자살 사고라는 증상이 잘 치료되어 사라졌기 때문은 아니다. 때때로 죽고 싶은 생각이 찾아오는 그의 삶에, 죽고 싶다는 생각보다 더 신경 쓰이는 것들이 많아지고 있기 때문이었다.

3

_____

매일 사막을 건너는 기분이라면

왜 내 인생은
마음대로 되지 않을까

기분 지향적 행동과 목적 지향적 행동

우울증의 주요 증상 중 하나는 무기력이다. 일반적으로 피곤한 것과 우울증으로 인한 무기력은 질적으로 다르다. 원래 상태를 되찾아 다시 일상을 잘 이어가고 싶을 때, 비록 지쳤지만 재차 힘을 내 원하는 바를 추구하고 싶을 때 우리는 피곤하다는 말을 쓴다.

격무에 시달려 지친 몸은 질 좋은 수면과 충분한 휴식으로 회복될 수 있지만 우울증으로 인한 무기력은 그렇지 않다. 더 이상 나아가지 못할 것이란 생각이 밀려올 정도로 지친 데다 왜 살아가야 하는지에 대한 근본적인 의문마저 밀려온다.

단순히 피곤에 지친 마음은 어서 회복되어 다시 달리고 싶어 한다. 과로에 의한 피로는 다시 일어서기 위한 준비 과정이다. 그에 반해 우울증으로 인한 무기력에는 무의욕, 무가치감이 동반된다.

어차피 힘이 없기도 하거니와 왜 힘이 필요한지, 그 힘으로 무엇을 할 것인지, 그렇게 노력하는 것이 무슨 의미가 있는지에 대한 답을 찾을 수가 없다. 삶에 대한 물음표가 꼬리에 꼬리를 물수록 열심히 살 이유를 찾지 못하고 모든 것을 무의미하다고 느낀다.

그러한 생각 때문에 아무것도 하지 않고 침대에 누워 있거나 핸드폰만을 뒤적이는 하루를 보낸다. 그러면서도 막연히 이래도 될까 싶어 스스로에게 문제가 있다고 여기는 악순환이 반복된다. 그 끝없는 순환의 고리에서 우울이 증폭되고, 문득 모든 허무와 우울을 종결시킬 죽음까지도 떠올리게 된다.

기분과 행동의 연결 고리

기분은 우리 몸에 각인된 일종의 신호다. 예컨대 외부의 위협을 감지한 우리 몸은 공포와 두려움이란 기분을 유발해 그 대상을 회피함으로써 스스로를 보호한다. 이는 본능의 영역만은 아니다. 오래전 우리의 본능이 형성되던 시절에는 자동차가 존재하지 않았다.

그러나 우리는 살아가며 자동차 사고가 얼마나 생존에 치명적인 영향을 미치는지 매체를 통해 간접적으로 경험하거나 교육을 통해 학습한다. 그 결과 나를 향해 돌진하는 자동차는 공포와 연결되고, 그러한 기분이 유발되면 우리는 황급히 자동차를 피한다.

이렇듯 기분에는 그에 상응하는 행동이 함께 프로그래밍되어 있다. 배고픔이나 스트레스가 밀려오면 떡볶이를 먹고, 외로움이 밀려오면 친구를 찾고, 우울과 피로가 밀려오면 휴식을 취한다. 꽤나 효과적으로 작동하는 알고리즘이다. 일정 수준의 부정적인 기분은 적절한 대응 행동으로 해소되고, 우리는 순조롭게 다시 일상으로 돌아간다.

하지만 삶은 우리의 기분이나 본능이 예측하는 것보다 훨씬 복잡하고 어려울 때가 많다. 따돌림이나 차별같이 사람에게 받은 상처로 사회불안증을 겪는 사람은 낯선 사람을 그러한 아픔을 다시금 줄지도 모르는 존재로 인식한다. 이들의 기분은 누군가를 만날 때 심한 불안을 유발해 모르는 사람들과의 만남을 회피하도록 하고, 가족·친한 친구·연인 같은 제한된 인간관계만을 추구하도록 한다. 익숙한 관계에서 전혀 새로운 기회를 기대하기는 어렵다. 면접관,

새로운 직장 동료, 사업 파트너와 같이 인생의 기회는 모르는 사람과 함께 온다. 그러나 이들의 기분이나 본능은 이러한 삶의 이치를 모른 채 어떻게든 타인을 피하라고 한다.

공부도 마찬가지다. 뇌가 에너지원으로 사용하는 것은 포도당이며, 우리의 기분은 뇌가 이 양질의 에너지원을 다량으로 소모하는 것이 우리에게 어떻게 이득이 되는지 모른다. 언어나 수학을 학습하기 위해 머리를 쓰는 것이 취직·월급·주식 투자소득으로 이어지는 일은 오래전 본능이 형성되던 때에는 없었던 일이다. 게다가 공부를 할 때마다 좋은 결과가 있었던 것도 아니다. 시험이나 면접에 탈락하거나 원하는 성적을 얻지 못해 좌절을 경험하는 등의 불쾌한 결과가 학습된 적도 많았다.

마음은 이렇듯 본능적으로 납득되지 않고 실제로도 부정적인 경험을 안겨주는 공부를 최대한 회피하게 한다. 핸드폰을 수시로 열어보게 하고, 침대에 자꾸만 나를 눕힌다. 어떻게든 뇌의 반응 속도를 줄여 불필요한 에너지 소모를 중단시키려 한다. 시험공부, 면접 준비는 나에게 꼭 필요한 일이지만 나의 마음과 기분은 이러한 '나의 삶'을 충분히 이해하지 못한다.

기분과 삶의 괴리는 일상 곳곳에서 발견된다. 고혈압과 당뇨병으로 저염식·저당식을 해야 한다는 사실을 충분히 알지만 라면과 초콜릿의 유혹에 무너지기도 하고, 화가 날 때는 시간을 두고 조금 차분히 다시 생각해보는 것이 좋은 줄 알면서도 벌컥 화를 내 소중한 사람들과의 관계를 어그러뜨리기도 한다. 우리는 기분 내키는 대로 자연스럽게 행동할 뿐인데, 그럴수록 우리가 기대했던 것과는 전혀 반대의 결과를 마주한다. '나름대로 열심히 살아가고 있는데 왜 이렇게 내 인생은 마음대로 되지 않을까'란 고민이 또 한 번 나를 괴롭힌다.

후회를 반복하지 않으려면

이러한 고리를 끊는 간단한 방법은 지금 내가 하려는 행동이 기분에 따르는 행동인지, 목적을 지향하는 행동인지 생각해보는 것이다. 갈등이 깊은 상사에게 폭력을 휘두르거나 폭언을 하는 일, 혹은 일부러 상사가 지시한 일을 늦게 처리하거나 상사의 흉을 보는 일

등은 (지금) 나의 기분에 따르는 행동이다.

반면 이러한 상황에서 목적을 지향하는 행동이란 그와 갈등을 빚었던 일을 개선하거나('원활한 업무'라는 의미를 지향), 불편하지만 따로 대화를 시도하거나('원만한 관계'라는 의미를 지향), 혹은 부당한 지시나 인격적 모독에 대해 정식으로 항의할 공적인 절차를 찾는 것('나의 권리를 찾는다'는 의미를 지향) 등이 있을 수 있다. 물론 이러한 행동은 나의 행복이라는 궁극적인 목적으로 수렴된다.

기분 지향적 행동을 할지 아니면 목적 지향적 행동을 할지를 선택할 때 옳고 그름보다는 내 삶이 어떻게 더 나아지는가의 관점에서 판단해보자. 심한 우울감에 '아무것도 하지 않기'라는 기분 지향적인 행동을 택한다면, 우리는 '무엇이라도 해야 하는데, 이렇게 있는 나 자신이 너무 한심하다', '나는 앞으로도 어쩔 수 없을 거야'라며 스스로를 탓하기 쉽다. 그러나 행동에 대한 잘잘못을 따지는 대신 실효성의 관점에서 그 행동의 장점과 단점을 확인해볼 수도 있다.

내가 지금 누워 있어서 좋은 이유는 기분에 순응한다는 느낌, 무언가를 시도했을 때의 귀찮음을 회피할 수 있다는 편안함이다.

반면에 아무것도 하지 않았다는 불쾌감, 해야 할 무언가를 하지 못했다는 조바심, 자책감도 함께 들 수 있다. 이러한 모든 것들이 우울할 때 기분에 따르는 행동을 선택한 결과이다.

그렇다면 목적 지향적 행동의 경우는 어떨까. 물론 어떤 목적인지에 따라 행동이 달라지고, 결과도 달라질 것이다. '좀 더 나은 기분'이 목적이라면 그에 따라 운동하기, 심리 상담 또는 정신과 진료 받기, 취미 활동하기 같은 행동이 가능하겠다. 이러한 행동은 귀찮고 피곤하다는 단점도 분명히 있고, 기분을 좀 더 나아지게 한다는 장점도 있다. '소중한 사람과 좋은 시간 보내기', '할 일 마무리하기' 같은 다른 목표를 삼고 이를 위한 행동을 떠올려볼 수도 있다. 그리고 그에 따르는 장단점도 미리 예측해볼 수 있다.

기분 지향적 행동과 목적 지향적 행동을 나누는 것은 '무작정 기분 지향적 행동을 하지 않기' 위해서다. 우리는 어떤 기분에 사로잡힐 때 무심코 그 기분에 따라 떠오르는 행동을 한다. 화가 나면 화를 내야만 할 것 같고, 불안하면 반복적으로 미래를 걱정해야 할 것 같다. 나도 모르게 홀린 듯 기분이 시키는 행동을 하고서 그때 미리 공부를 좀 해둘 걸, 그때 좀 참을 걸, 그때 좀 더 그 사람의 마음을 이해할 걸… 후회한다. 그리고 비슷한 상황이 되면 언제 그랬냐는 듯 다시 그런 기분에 빠져 같은 행동을 되풀이한다.

지금 내 마음에서 강렬하게 떠오르는 충동이 기분을 지향하는 것인지, 목적을 지향하는 것인지를 구분하다 보면, 기분과 행동 사이의 '틈'이 생겨 삶에 이로운 행동을 선택할 수 있다.

본능과 기분이 유발하는 회피 행동보다는 내가 되새기는 삶의 의미, 되고 싶은 나의 모습을 지향하는 행동이 조금 더 나의 행복과 가까울 때가 많다. 그러고 싶지 않은데도 기분에 따라 어쩔 수 없이 이끌려 가는 행동 대신 내가 어떤 하루, 어떤 삶을 원하는지를 떠올려 보고 이를 위한 행동으로 하루를 채워보면 어떨까.

기분만을 지향하던 행동들을 하나둘 목적 지향적인 행동들로 바꿔간다면, 원치 않는 것으로 가득한 것 같은 삶에도 내 바람과 닮아가는 것들이 조금씩 늘어가지 않을까.

삶이 괜찮은지 확인하지 않고
그냥 살기

☕

행복에 닿으려고 애쓰지만 계속 실패한다면

생각은 늘 연결된 다른 생각을 끌어당기고, 거기에는 비슷한 생각뿐 아니라 반대되는 생각도 포함된다. 한없는 기쁨의 순간에도 그 순간이 끝날까 봐 아쉬워하고 두려워한다. 과거의 아픔을 잊어야지 마음먹을수록 그러한 아픔은 더 강하게 떠오르곤 한다. 극과 극의 생각들은 '반대라는 연관'으로 연결되어 있어서, 한 극단의 생각은 반대쪽 극단의 생각을 저절로 끌어온다. 이럴 때 우리는 이러한 생각들이 옳고 그른지를 따져보곤 한다.

마음속에 다음 문장을 반복해 떠올려보자.

'나는 있는 그대로 존중받을 만한 사람, 사랑받을 만한 사람이야.'

어떠한 생각이 마음속에 떠오르는가?(우선 '이런 건 왜 해야 하는 거지?'라는 생각이 들 수 있다.) 문장 그대로 '맞아, 나는 너무 소중하고 또 사랑받을 만한 사람이야'라는 충만함이 차오르는가, 아니면 혹시 '내가 진짜 존중받을 만한 사람일까? 모든 사람은 있는 그대로 사랑받을 만한 사람이라는 말은 맞는 걸까?'라는 생각이 드는가?

전자인 사람도 있겠지만, 이 글을 읽는 당신의 마음은 아마도 후자에 가까우리라고 생각한다. 나의 마음도 후자에 가깝다. 우리의 마음이 특별히 청개구리 같아서가 아니라 앞서 언급한 '반대되는 생각을 가져와 옳고 그름을 따지는' 마음의 특성 때문이다. '사랑받을 만한 사람'이란 어구를 인식한 우리 마음은 실제로 자신이 사랑받을 만한 사람인지를 검증하기 시작한다. 그리고 오래 지나지 않아 이를 반박할 이유를 귀신같이 찾아내 스스로에게 들이댄다. '성격도 까칠하고, 외모도 고만고만, 살아가는 모양도 그저 그런 네가 있는 그대로 사랑받을 만한 사람이라고? 정말?'

그럴 때마다 우리는, 그런 마음을 설득하고자 마음에게 괜찮아 보이려 노력한다. 운동을 하고, 자격증을 따고, 색다른 취미를 찾고, 새로운 만남을 시도한다. 그리고 끊임없이 마음에게 '이 정도면 괜찮은지, 행복해도 되는지'를 묻는다. 그러나 '나는 괜찮다, 행복하다'는 생각은 이내 '내가 괜찮지 않은 이유, 행복할 수 없는 이유'를 끌어온다. '고작 이 정도 월급으로 뭐가 괜찮아', '매일 외톨이인데 어떻게 행복해'라며 지금의 나를 비난하는 생각을 끌어오거나, '그래봤자 넌 어릴 때 사랑받지 못했잖아. 결국 넌 불행할 수밖에 없어'라며 바꿀 수 없는 과거의 일을 들먹이기도 한다. 그렇게 우리는 행복하려 늘 노력하면서도, 결국 행복에는 닿지 못하는 듯한 느낌 속에 살아간다.

보통의 삶을 채워가는 것들

이 악순환의 고리를 끊으려면 어떻게 해야 할까? 우선 마음이 작동하는 원리를 이해해야 한다. 내가 얼마나 괜찮은지를 확인할 수 있는 가장 좋은 방법을 찾으며 평생을 헤매고 좌절하는 대신, '나 자신이 괜찮음을 확인하려는 시도' 자체가 얼마나 허무한지를 깨달을 필요가 있다. 즉 극단의 생각을 끌어오는 마음의 원리 때문에 '나는 괜찮아, 행복해'라는 생각으로 마음을 설득시키려는 것 자체가 애초에 어려운 일임을 받아들이는 것이다.

　예를 들어 어린 시절 부모의 따뜻한 보살핌을 받지 못해 늘 '나는 사랑받을 가치가 있는 사람일까'라고 의심하는 이가 있다고 하자. 그에게 누군가가 '당신은 사랑받기 위해 태어난 사람입니다'라 이야기해준다고 해서, 혹은 스스로 '나는 사랑받을 자격이 있는 사람이야'라고 다짐한다고 해서 그러한 의심이 갑자기 사라지지는 않을 것이다.

　그러나 애초에 우리의 마음이 억지로 좋게 생각하려 하면 할수록 반대 생각들을 가져온다는 사실을 이해하고 받아들이면 어떨까. 무조건적인 사랑이 반드시 나를 행복하게 하지 않을 수도 있다는 것을 인정하면 어떨까. 그리고 사랑받기 위해서, 누군가로부터 인정받기 위해서, 스스로 나는 괜찮은 사람임을 납득하기 위해서 살아가는 것이 아니라, '그냥 살면' 어떨까. 해야 할 일을 위해 노력하는 하루든 모처럼의 휴식을 만끽하는 하루든 그저 지금의 내가 보내고픈 하루를 쌓아가는 보통의 삶 말이다.

　우울해지지 않기 위해서 외출하는 것이 아니라, 그저 바깥바람을 쐬고 싶어 산책을 하는 것이다. 내가 괜찮은 사람임을 증명받고 싶어서 높은 목표를 달성하려 무리하는 것이 아니라, 그냥 어떤 일을 해보고 싶은지를 떠올려보고 그 일을 하는 것이다.

스스로의 부족함을 채우려는 노력이 틀렸다는 의미는 아니다. 오히려 이러한 노력들은 우리에게 충만함과 행복을 가져다줄 가능성이 더 높다. 단지 '나를 증명하기 위해', '내 마음을 설득하기 위해', 혹은 '누군가를 납득시키기 위해' 이를 행할 필요가 없고, 그 결과에 대해서도 누군가에게, 특히 스스로의 마음에게 굳이 '확인받을 필요는' 없다는 것이다.

그런 생각이 들 수도 있지

그래서 어떤 생각이 들든 그저 내 마음이라고 생각하며 받아들이면 어떨까. 비록 지금의 나를 힘들게 하거나 내 마음에 들지 않는 생각과 감정이라도 말이다. 내 마음에서 피어난 것이기에, 그러한 감정과 생각이 드는 이유들 역시 그간의 삶의 경험들, 특히 아픔에 기인한다. 이러한 마음을 억지로 긍정하며 마음에 들지 않는 생각들을 애써 지우려 하는 대신, '그런 생각이 들 수도 있지'라며 조금은 시니컬하면서도 따뜻한 시선으로 이를 받아들이면 어떨까.

사랑받고 인정받는 하루, 괜찮음을 확인받기 위한 하루가 아니라, 그냥 나의 하루, 내가 보내고 싶은 하루를 보내는 마음은 한결 가볍다. 그러다 보면 사랑도, 인정도, 행복도 다가올지 모르나 그것들은 그저 덤이다. 나는 괜찮기 위해서 살아가는 것이 아니라, 그저 나의 삶을 살아가는 중이기 때문이다. 슬픈 생각을 회피하는 것이 아니라, 슬픈 마음에 굳이 맞서지 않는 것이다.

마음은 부정적인 친구와 같을 때가 있다. 우리는 그 녀석과 한평생 삶이라는 여행을 함께 한다. 아무리 오늘의 좋은 날씨, 즐거운 여행지의 구경거리에 대해 이야기를 나누려 해도, '근데 말이야, 과거의 너는 진짜 별로였어', '그때의 너는 정말 불쌍하더라', '네가 이렇게 부족한데, 지금 겨우 이런 거나 좋아하면서 놀아도 되겠어?'라며 끊임없이 삶과 나 자신에 대한 불평을 나열하곤 한다.

그럴 때마다 우리는 대개 항변을 한다. '그래도 내가 그렇게 모자란 사람은 아니지 않아?' 그러면 마음은 다시금 스스로가 얼마나 부족하고 미흡한 사람인지를 설득하려 든다. 논쟁은 끝없이 이어진다. 이러한 친구와 가까이 지낼 수 있는 방법은, 그저 그 친구가 원래 그런 사람임을 인식하고, 또 이에 대해 평가하지 않고 따뜻하게 받아들이는 것이다.

나 자신에 대한 부정적인 생각과 굳이 다툴 필요는 없다. 저절로 그렇게 되기가 쉽긴 하다. 그러나 그 논쟁의 끝에는 승리의 기쁨이 아니라, 소모적인 피곤함만이 자리한다는 것을 우리는 이미 알고 있다. '너는 평생 사랑받지 못할 거야!'라 마음이 속삭인다면, 그저 그 생각을 지켜보고, 또 그냥 두길 바란다. 극단적인 생각은 반대의 극단으로 무마하려 하면 할수록 자라나지만, 그저 놓아두면 머쓱히 흩어지는 성질이 있다.

우리가 살아가는 이유는, 스스로의 마음을 포함해 어떤 존재로부터 '나는 괜찮은 사람이다, 내 삶은 괜찮다'라는 사실을 확인받기 위해서가 아니다. 그저 오늘 하루를, 내가 채워가고픈 하루로 채워가기 위해 살아갈 뿐이다. '나는 앞으로도 평생을 불행 속에서 살아가는 것이 아닐까'라는 생각이 밀려와 불안해진다면, 창밖을 내다보자. 푸른 하늘은 어떠한 시비도 없이 그저 나를 내려다보고 있을 것이다.

여러 선택지 중에
내게 더 좋은 것 고르기

☕

술잔에 따르는 사이다 맛

전공의 시절 나는 술을 좋아했다. 학부 때부터 음주와 가무에 능숙했던 소위 '인싸'였던 것은 아니다. 술자리에 가면 말이 없는 건 아닌데 재밌지는 않은, 친구가 많은 건 아닌데 친한 몇 명과는 어울려 피시방을 가거나 하는, 어쩌면 가장 흔한 학생이었다. 그나마 농구, 격투기 같은 운동을 즐겼는데, 운동하고 맥주 한 잔으로 땀을 씻는 상쾌함을 참 좋아했다. 그렇다고 해서 그 이상으로 술을 마시진 않았다.

내가 술깨나 마시는 사람이 된 것은 일 때문이었다. 24시간 대기 상태로 하루 종일 선배 의사들의 지시에 따라 허드렛일을 반복하던 인턴 시절과 100일 연속 당직을 시작으로 1년에 300일 이상 당직, 빨간 날은 모두 당직, 당직이 아닐 때는 저녁과 밤이 겹치는 시간에 퇴근, 출근하지 않는 날은 하루도 없는(지금은 전공의 특별법으로 위와 같은 근무 방식이 금지되었다) 레지던트 생활이 이어졌다. 그런 내게 잠깐 허락되는 밤, 혹은 새벽 시간 동안 스스로를 위로할 수 있는 것은 그리 많지 않았다. 같은 처지의 인턴·레지던트 동기들과 어울려 술잔을 기울일 따름이었다.

겨우 이렇게 술이나 마시려고

알코올은 그 자체로 쾌락 중추의 도파민을 분비시켜 고양감을 주는 것에 더해 더 큰 장점이 있다. 바로 불안을 진정시키는 효과다. 미숙한 일 처리로 혼이 날 때, 환자와 보호자의 날선 이야기에 상처를 받을 때, 이렇게 사는 게 맞는 건지 회의가 들 때 술은 수없이 많이 찾아온 불안을 쉽게 지워줬다.

하루가 복잡하고 버거울수록 술 생각이 났다. 비겁한 변명이지만 내게 술을 따랐던 건 내 손이 아니라 세상이었다. 일주일을 통틀어, 격무와 쓰러져 자듯 잠드는 시간 사이의 세 시간 남짓한 시간만

이 여가로 허락되었고, 그 시간 동안 한 주간의 피로, 억울함과 슬픔 따위를 모두 해결하려고 할 때 택할 수 있는 선택지는 그리 많지 않았다. 그저 타인의 손을 빌리거나 스스로 잔을 채울 뿐이었다. 알코올이 들어와 하루 종일 팽팽하던 마음속 긴장의 끈이 느슨해지는 것이 느껴지면, 다음 날 기억나지도 않을 시시껄렁한 이야기를 떠들며 잔을 최대한 빨리 비웠다.

그런데 언제부터인가 거나하게 취해 집으로 돌아가는 길에 스산한 공허함이 스몄다. 그 공허함이 싫어 분위기가 이미 식은 술자리를 질질 끌기도 했다. 번화가에서 집까지 가는 텅 빈 지하철을 타면 소금에 절여진 배추처럼 깊이 잠이 들었다. 지하철에서 30분 이상을 자고 나면 조금 술이 깼고 그 덕에 지하철 종점에서 내려 15분 정도 떨어진 집까지 걸어갈 수 있었다. 병원을 나설 때보다 한참 차가워진 밤공기를 맞으며 걷다 보면 더욱 정신이 맑아졌다. 그런데 정신이 또렷해질수록 공허함은 선명해졌다. 즐거움은 온데간데 없었다. 술자리의 짧은 즐거움은 '왜 사는 걸까'란 짙은 어둠을 몰아내기엔 턱없이 부족했다.

그렇게 숙취에 시달리며 다음부터는 퇴근하면 그냥 집에 가서

책이나 한 권 읽자 다짐을 해도, 해가 넘어가고 피로와 초조함이 쌓이면 어김없이 술을 찾았다. 잔뜩 취해 집에 돌아와 자리에 누우면 허겁지겁 잠들기에 바쁘고, 힘겨움은 계속 쌓이고, 그렇게 또 술자리를 찾았다.

즐거운 술자리와 지독한 귀갓길을 반복하며 그런 생각을 했다. 겨우 이렇게 술이나 마시려고 나는 그 버거운 하루를 버텼던 걸까. 어차피 내일이면 또 힘들어질 텐데, 그럼 나는 또 음주 시간을 기다리며 일상을 버텨야 하는 걸까. 오랫동안 일하느라 지치고, 그 지친 끝에 잠깐의 휴가나 여흥을 즐기고, 또다시 오래도록 고통을 견디고, 그런 게 인생인 걸까.

아이를 안고 잠드는 행복

그러던 내가 술을 끊었다. 결혼 2주 후에 입대한 기구한 운명으로 우리 부부는 아는 사람 하나 없는 시골살이를 시작했다. 술을 마시려면 40여 분은 차로 나가야 했고, 그나마도 돌아올 길이 막막한 그런 곳이었다. 아내는 맥주 500밀리리터라도 마셨다간 구토를 하는, 정말 술과는 상극인 체질이었다. 어느 순간부터 나는 자연스레 술에서 멀어져 있었다.

그러던 중 군복무 말미에 도시로 돌아왔다. 그간 만나지 못했던 지인들, 은사님들을 만났고, 역시나 술자리가 이어졌다. 청정한 생활을 보내다 갑작스레 다시 만난 알코올의 독기를 몸이 이기지 못했다. 결혼 전에는 한 번도 경험하지 못한 블랙아웃, 완전한 기억 상실을 경험했다.

그래도 별일 없이 집에 돌아왔던 터라 아내는 크게 개의치 않았으나, 나는 필름이 끊겼다는 사실이 두려웠다. 만약 내가 의식을 잃은 상태에서 불의의 사고라도 당한다면? 그때 아이의 얼굴이 떠올랐다. 그래, 술을 끊자.

제철 방어회의 기름진 감칠맛에 소주를 곁들여 즐기지 못하고 잔에 사이다만 따를 때는 격한 아쉬움이 밀려오기도 하지만, 결론적으로 나에게 금주는 쾌락을 포기한다는 의미가 아니었다. 알코올과 안주의 기름기가 가득 담긴 숨을 내쉬며 아이를 안을 수는 없었다. 아이를 껴안고 잘 때 느낄 수 있는 것들이 있다. 하루를 땀에

흠뻑 젖어 보낸 정수리 냄새와 촉촉한 등, 엉덩이를 내 배에 뒹굴며 부빌 때의 무게감과 따뜻함, 손가락을 올려두면 꼭 쥐는 고사리손. 나는 쾌락을 포기한 것이 아니라, 술을 마시는 즐거움과 아이를 안고 잠드는 행복이라는 여러 좋은 것들 사이에서 하나를 선택했다.

둘을 비교하자면 음주는 찰나의 취기가 주는 즐거움으로, 금주는 끝나지 않는 가치의 추구로 이어진다. 술잔을 맞부딪치는 즐거움은 길어도 세 시간이다. 좋은 아빠가 되고 싶다는 생각에는 끝이 없다. 이 두 가지 선택 앞에서 나는 후자를 택했다. 후자를 택한다는 것은, 전자에서 수반되는 많은 것들을 내려놓는다는 의미이기도 하다. 하늘 같은 교수님과 선배의 권주에 "저 술 끊었습니다"라고 이야기하는 어려움을 감수해야만 하고, 그로 말미암은 사회적 기회까지도 기꺼이 내려놓음을 의미한다.

포기했을 때 마주하게 되는 불편함은 포기하지 않았을 때의 장점만을 그리워하기 때문에 생겨난다. 좋은 것만을 다 가질 수는 없다. 선택에는 장단점이 있기 마련이니 어떤 선택이든 자신이 왜 그런 결정을 내렸는지를 되새겨보면 우리의 마음은 그 결정으로 인한 불편함도 당연한 일상으로 인정하고 받아들이게 된다.

그런데 참 오묘한 것이 삶이구나 싶은 것이, 금주를 시작하며 걱정했던 '나쁜 일'은 그다지 일어나지 않았다. 술을 먹지 않는다 힐난하는 이들은 애초에 함께 술을 마셔도 불편한 이들뿐이었다. 늘 나를 반기는 이들은 고작 건배를 하고 그 잔을 비우는지 그렇지 않은지로 나를 판단하지 않았다. 예전처럼 함께 말술을 들이붓는 즐거움을 함께하지 못하는 아쉬움을 가벼운 핀잔으로 표현할 뿐이었다. 그런 불평을 들으니 그가 나를 생각해주는 마음 씀씀이가 더욱 크게 느껴진다. 그들은 술에, 나는 대화와 분위기에 취해간다. 나는 내게 가장 편안한 방식으로 술자리를 즐기게 되었다.

삶은 원하는 소중함을 위해 늘 무언가를 포기해야 하는 제로섬 게임이 아니다. 단지 여러 방법 중 가장 내가 원하는 삶과 유사한 길을 택하는 과정일 뿐이다. 금주는 내게 집에 돌아가 아이를 안으러 가는 과정이고, 이 일은 지금의 내게 무엇보다 소중하다. 반드시 해야 하는 것, 고민스러운 것, 하면 안 되는 것 그런 것은 없다. 단지 내가 선택할 수 있는 여러 가지 선택지가 있고, 그 선택지마다 '내게' 좋은 것과 좋지 않은 것이 있으며, 나는 내게 가장 좋은 것을 택할 뿐이다.

오늘도 나는 술잔에 사이다를 채울 술자리에 간다. 이제는 사이다 잔만 기울여도 정말로 취한 느낌이 든다(금주 중인 이들이라면 공감할 것이다!). "야, 내 잔만 안 받는 거지!" 처음에는 진지하게 섭섭해하다 이제는 웃음을 머금은 채 사이다를 따라주는 형님과 어울리다 집에 들어선다. 술 냄새가 나지 않는 취기로 잠든 아이 곁에 살포시 눕는다. 아이가 내뿜는 분유 냄새를 맡으며 잠드는 행복을 느낀다. 금주의 아쉬움을 따로 느낄 새가 없다.

어떤 설명도
나라는 우주를 담아내지 못한다

☕

심리학 지식을 접할 때 염두에 두어야 할 것

어느 날, 블로그에 댓글이 하나 달렸다.

"선생님, 아무래도 전 경계성 성격 장애 환자 같아요. 나무위키를 보면 이 성격은 거의 치료가 불가능하대요. 전 앞으로 불행할 수밖에 없나요?"

진료실에서도 늘 듣는 질문이다. 인터넷이나 유튜브에 단편적인 정보가 범람하는 요즘 부쩍 더 듣게 되는 질문이기도 하다. "이렇게 힘든 제 마음, 이러이러한 진단 기준에, 혹은 이러한 심리학 개념에 해당이 되는 것 같아요. 이건 바뀌거나 치유되기가 어렵대요. 전 어떻게 해야 할까요?" 만약 당신도 이러한 의문으로 고민하고 있다면 들려주고 싶은 이야기가 있다.

두 사람이 있다. A는 어린 시절부터 주변 사람들과 친밀한 관계를 맺어왔고, 나이가 들어서는 보육원을 운영하며 아이를 돌보는 독지가가 되었다. B는 대인관계에 대한 두려움이 커서 최대한 관계를 회피하며 성장했고, 아직 특별한 사회 활동을 시작하지 않았다.

그런데 두 사람을 면담하다 보니 어린 시절에 유사한 경험을 한 것이 발견됐다. 한쪽은 부모를 일찍 여의어서, 또 한쪽은 부모가 이혼해 조부모 등 다른 양육자의 도움으로 성장한 것이다. 그 과정에서 그들은 공통적으로 결핍을 느꼈고 늘 부모의 품을 그리워했다.

A와 B의 마음과 삶을 심리학적으로 풀어간다면 어떨까. A는 아들러의 개인 심리학 개념을 빌려 이야기할 수 있겠다. 그는 부모의 부재와 어린 시절 사랑받지 못했다는 콤플렉스를 보상하기 위해 또래들과 친밀한 관계를 맺는 데 몰두했다. 그는 그 관계에서 유대감과 안정감을 느끼며 자랐고 이후에도 주변 사람의 지지와 관심, 복지 기관의 지원을 받는 등 삶에 도움이 될 만한 상황을 반복적으로 경험했다. 이를 통해 대인관계는 살아가는 데 도움이 된다는 긍

정적인 조건화를 얻었을 것이다. 열등감은 오히려 그가 타인을 배려하고 관계를 추구하는 원동력으로 작용했고 자신과 같은 아픔을 가진 아이들을 돌보려는 마음으로 승화되었다.

B는 존 볼비의 애착 이론으로 해석하자면 불안정한 애착 형성으로 타인에 대한 안정된 상을 가지지 못했다고 볼 수 있다. 어린 시절 부모와 불안정한 관계를 맺은 것으로 인해 다른 사람과의 관계에서 불안을 느끼게 되었고, 이로 인해 타인과 건강하고 편안하게 관계를 맺는 기술을 습득하는 데 어려움이 있었다. B에게 관계 맺기는 어렵고 두려운 것이었을 것으로 추정되고 그런 태도 때문에 관계가 더더욱 불편해졌으며, 결국 B는 대인관계를 회피하는 악순환에 빠졌다.

A와 B의 이야기는 모두 실제 환자의 내담 사례를 변형한 것이다. 어떤 설명이 더 잘 들어맞는지, 이 둘의 사례에서 디테일한 부분이 어떻게 다른지(A의 양육자는 부모 못지않게 안정된 애착 관계를 제공했다거나, B의 경우 또래 관계, 교육자와의 관계에서 반복된 트라우마가 있었다거나)보다 더 중요한 것은 '부모의 부재'와 '부모에 대한 그리움'이라는 주된 심리적 역동이 반드시 같은 결과로 이어지지 않는

다는 점이다.

지나친 일반화가 만들어낸 함정

한 인간의 삶을 이루는 사건과 변수는 무한대에 가깝다. 이 때문에 일부 유사한 경험을 공유하더라도 극명하게 다른 삶을 사는 경우가 꽤 많다. 이 당연한 사실을 굳이 강조하는 이유는, 우리가 종종 이를 간과하고 지엽적인 사건과 단편적인 심리학 지식만으로 삶 전체를 정의 내리는 함정에 빠지기 때문이다.

전문가들의 학술 공동체 안에서만 통용되던 딱딱한 심리학 개념들이 교양서·웹 자료·유튜브 영상·심리테스트·MBTI 유형 등으로 널리 알려지고 있다. 무의식에 관한 이야기는 이제 고리타분할 정도로 익숙해졌다.

대중매체를 통해 전달되는 심리학 개념의 주요 기능은 자신을 설명해낼 수 있다는 쾌감이다. 우울하거나 낯선 사람이 두려워서 '나는 도대체 왜 그럴까' 고민했던 사람에게 '그래서 그랬구나'

라는 명쾌함은 반갑다. 우리는 늘 설명을 원한다. 지금 겪는 마음의 문제가 전생의 업이나 사주팔자 때문이라고 해도 솔깃한데 과학적 방법론을 통해 검증된 심리학 개념은 매력적일 수밖에 없다.

그런데 면담을 하거나 SNS를 통해 질문을 받을 때면 종종 다음과 같은 이야기를 듣는다.

"선생님 저랑 제 남자친구는 MBTI 궁합이 상극이래요. 그래서 그런지 사소한 걸로도 늘 다투는데 앞으로도 그럴 수밖에 없을까요?"

"저는 불안정 애착인 것 같아요. 어릴 때 충분한 사랑과 관심을 받지 못해서 그런 거라던데, 과거를 바꿀 수도 없고 저는 그럼 앞으로도 사랑할 때 늘 불안해할 수밖에 없는 걸까요?"

학문적 개념은 정교히 설계된 상황 내에서 제한된 환자군을 대상으로 한 연구를 통해 정립되기 때문에 삶의 모든 변수를 담아낼 수 없다. 성장 과정에서 양육자의 일관된 애정과 관심이 부재하면 불안정한 애착으로 이어진다는 경향성이 연구를 통해 밝혀지긴 했다. 그러나 어린 시절 양육자가 무심했다고 백이면 백 모두 불안정 애착이 형성되어 불안정한 대인관계를 이어가게 됨을 의미하지는 않는다.

　누구나 관계에서 어긋남의 아픔을 겪을 수 있고, 인생에 영향을 많이 미치는 학교나 직장 같은 공간에서 타인이 나를 배척할 것이란 두려움을 느낄 수 있다. 그런데 그러한 경험에 심리학 개념을 적용해 '내가 어릴 때 사랑을 못 받아서 그랬구나', '나는 대인관계에 문제가 있는 사람이구나'라고 자신을 단정지으면 어떻게 될까. 그 시점부터 그러한 경험은 일상에서 마주하는 자연스러운 마음의 현상이 아니라 나라는 사람이 가진 고유하고 문제적인 속성이라는 인식이 자리 잡는다.

　그러한 과정을 통해 '나는 그런 성향이어서 원래 대인관계에 어려움이 있어', '나는 앞으로도 관계에서 상처받을 수밖에 없어'라는 생각이 점점 강화된다. 그렇게 되면 관계로부터 자신도 모르게 도망치게 된다. 마음을 치유하려는 목적으로 도입한 심리학 개념들이 오히려 자신의 아픔과 어려움을 편향된 관점에서 확증하고 공고화하는 셈이다.

불행은 예정되어 있지 않다

우리는 살면서 얼마나 많은 사람을 만나고, 얼마나 많은 경험을 할까. 또 그중 얼마나 기억할 수 있을까. 우리가 머릿속에 떠올릴 수 있는 기억, 내가 아는 나 자신, 내 삶이란 실제 삶의 극히 일부에 불과하다. 십여 년 이상의 수련 과정을 거친 전문가와 함께 진행하는 정신분석을 통해서도 무의식 속 기억과 감정을 더듬다 보면 깊이 망각하고 지내던 생각이나 경험이 몇 달, 심지어 몇 년의 면담 끝에 떠오르기도 한다. 단지 심리학 지식의 부족을 이야기하려는 것이 아니다. 지금 내가 아는 나와 나의 마음 역시 나 자신과 내 삶이라는 거대한 우주에 비하면 극히 일부분일 수 있다.

혹시 마음에 관한 책들을 읽으며 나는 어린 시절 사랑을 많이 받지 못한 불안정한 애착의 소유자이기 때문에 앞으로 깊은 사랑은 하기 힘들 거라고 결론지은 적은 없는지, 나는 경계성 성격 장애라서 사랑할 수 없고 곁에 있는 사람들에게 상처를 줄 수밖에 없다고 생각한 적은 없는지. 마음의 어려움을 해결하고자 찾아본 심리학 개념들이 오히려 당신의 마음을 짓누르고 있진 않은지 살펴보았으면 한다. '나는 이렇기 때문에 불행할 수밖에 없는 사람이야'라고 체념하지 않고 '나도 모르게 내 마음속에는 이런 부분이 있었구나'라고 이해하길 바란다. 심리학 개념은 앞으로의 내가 어떻게 행복할 수 있을지를 살피는 유용한 도구가 되어줄 것이다.

지나친 일반화를 주의한다면 심리학 개념은 마음을 이해하고 삶의 맛을 더해주는 좋은 도구가 된다. 다만 이러한 지식을 접할 때 늘 염두에 두어야 할 것이 있다. 바로 어떠한 설명도 온전히 당신이라는 우주를 전부 담아내지 못한다는 사실이다.

당신이 힘든 것은 결코 당신이 문제투성이인 사람이라서가 아니다. 누구나 그렇듯 당신과 당신의 삶도 완벽하진 않다. 그리고 살아가면서 경험하는 힘든 감정은 너무도 고유하고 특별하나, 버거움을 느낀다는 사실 자체는 매우 보편적인 일이다.

그러나 심리학 개념을 빌려 '내가 어떻게 문제인지'를 설명하려는 시도는, 잘 활용한다면 내 마음을 이해하는 유용한 과정이 될 수도 있으나 '나는 이런 사람이고, 이러한 문제는 잘 해결되는 것이 아니고, 그러니 나는 앞으로도 힘들 수밖에 없을 거야'라는 체념을 불러올 수도 있다. 그래서 서두의 질문에 답하자면 '짧은 댓글로 나열된 단편적인 이야기로 당신이 경계성 성격 장애 환자인지, 아닌지를 판단할 수는 없다'고 꼭 말해주고 싶다. 아무리 그럴듯한 심리학 개념도 당신의 오늘을 전부 정의하진 못하며, 미래에 당신이 겪을 불행도 예견하지 못한다.

그러므로 마치 당신이 불행이 예정된 사람처럼, 결코 성공할 수 없고 사랑할 수 없는 사람처럼 느껴지게 하는 글이나 관념이 있다면 이에 대해서 너무 걱정하지 않아도 된다. 당신이 학문적 범주로 어느 질환 군에 가장 잘 들어맞는지를 판단하는 일보다 더 중요한 것은, 우리는 늘 언제든지, 얼마든지 어떻게 우리의 삶을 더 나아지게 할지에 대해 이야기할 수 있다는 사실이다.

매일 마음에 찾아오는
불청객 맞이하기

☕

마음의 장애물이 없어야 한다는 생각이 삶에 미치는 영향

우리가 행복하다고 느끼는 마음 상태란 어떤 것일까. 각양각색의 답이 있겠지만, 일단 마음에 불편한 것이 없어야 한다는 데에는 큰 이견이 없을 듯하다. 우울하지만 행복한 마음, 불안하고 초조하지만 행복한 사람은 상상하기 힘들다. 행복해지기 위해 노력하는 것과 우울하지 않기 위해, 불안을 잠재우기 위해 노력하는 것은 거의 같은 의미로 간주된다. 마음에 한 점 우울도 걱정도 없는 평온한 상태, 상상만 해도 편안하고 도달하고 싶은 지점이다.

편안한 행복을 추구하는 것이 잘못된 태도는 아니다. 우리가 살아가는 대부분의 순간에는 마음 한구석 어딘가에 불편함이 있다는 것이 문제일뿐. 먹고사는 문제, 사람과의 관계 문제와 같은 고민이 깔끔하게 해소된 개운한 시간은 거의 존재하지 않는 것이 우리의 삶이다. 오래도록 골치를 썩이던 구직 문제가 해결되면 직장에서 동료와 예기치 않은 갈등이 빚어진다. 이처럼 우리의 삶에서 슬픔과 분노, 초조함 같은 감정은 일상적이고 보편적이다. 그러한 감정이 찾아올 때 우리는 편안한 마음으로 돌아가는 일, 마음에 찾아오는 불편함을 쫓아내는 일에 집착하게 된다. 수용전념치료에서는 이러한 경향을 '파티에 초대하지 않은 부랑아 조(Joe)'라는 비유를 통해 다음과 같이 설명한다.

당신이 오래도록 공들여 준비한 파티가 있다. 사랑하는 수많은 사람들을 초대했고, 신경 써서 음악과 음식을 준비했다. 그런데 초대하지 않은 부랑아, 조가 파티에 오고 있다는 소식이 들려온다. 잘 씻지도 않고 성품도 괴팍해 많은 이들이 꺼리는 사람이다.

당신은 조가 파티를 망칠 것을 우려해 그를 집안에 들이지 않기로 결심한다. 문 앞에 서서 그가 언제쯤 올까 노심초사하고, 행여 그가 가까이 다가오려 하면 그를 밀쳐내려 이리저리 씨름한다. 그러는 사이 파티는 어느새 끝나가고, 그토록 열심히 준비한 음식들은 제대로 맛보지도 못한 채 식어간다. 하지만 당신의 머릿속에 이미 파티는 온데간데없다. 오로지 '조를 집에 들여서는 안 돼, 들어

오더라도 어떻게든 쫓아내야 해!'라는 생각만이 가득하다.

부랑아 조의 이야기는 우리의 삶을 은유한다. 우리는 늘 삶이라는 파티를 열심히 준비하고 꾸미지만, 정작 '조'로 비유되는 두려운 것들, 불편한 감정들, 미리 예측되는 두려운 미래에 대한 생각에 몰입하느라 그 삶을 충분히 음미하지 못한다.

불편함이 전혀 없는 마음이 있을까

한참 일에 치이고 사람에 치여 마음이 각박하던 인턴 시절, 오랫동안 즐기던 SNS를 그만두었다. 칙칙한 일상 속에서 잿빛으로 물든 내 마음에 비해 획획 넘어가는 화면 속 사진들은 과도하게 화사했다. 안 그래도 힘든 일상에, '남들은 이렇게 잘만 행복한데 왜 내 마음은 힘들고 지쳤을까?', '난 왜 이렇게 살고 있을까'란 열등감, 자괴감만이 더해졌다. SNS 속에서 나는 내가 얼마나 불행한지만을 재확인하고 있었다.

'내 삶이 잘못된 것 같다', '나는 불행하다'라고 판단하는 근거는 보통 마음속의 불편한 생각이나 감정이다. 우울·불안·초조·외로움 같은 소위 부정적(으로 취급되는) 감정이나, 낮은 자존감·자기 비하·미래에 대한 걱정·풀리지 않는 관계에 대한 고민 같은 힘든 생각들이 마음속에 깃들 때 우리는 스스로를 불행한 사람으로 정의한다. 이러한 생각과 감정은 마치 우리를 행복으로부터 떼어놓는 장애물로 느껴진다. 이러한 '마음의 장애물'들이 완전히 제거된 상태를 행복이라 생각하며 이러한 상태를 달성할 때까지 모든 행복감은 유예된다.

그러한 생각으로 살아가는 우리는 늘 마음에 한 점 불편함이 없는 순간을 꿈꾼다. '불행하지 않음.' 우리가 꿈꾸는 행복이다. 그래서 행복의 전제로 늘 첫 순위에 걱정 없는 마음 상태를 꼽는다. 우리는 이를 '자려고 누웠을 때, 마음에 하나도 걸리는 게 없는 상태'로 흔히 표현한다.

이러한 상태를 우리가 좋아하는 이유는 역설적으로 삶에서 이러한 순간이 드물기 때문이다. 현실의 삶이 녹록지 않기 때문에, 우리는 살면서 힘든 감정과 생각들을 마주한다. 늘 먹고살 걱정을 하고, 한 치 앞도 가늠할 수 없는 미래를 두려워하며, 해결되지 않는 갈등과 고민 사이에서 방황한다. 그 한가운데에 서 있는 우리의 마음에 우울, 불안이라는 불청객이 늘 문을 두드린다.

편안한 마음을 바라는 것이 자연스러운 일인 만큼, 마음이 그러지 못할 때도 있는 것 역시 자연스러운 일이다. 그런데 이 자연스러움을 이질적으로, 비정상으로, 문제로 인식하기 시작하면 마음은 '정상적인 상태'로 돌아가는 데 집착하게 된다. 마치 '조'를 쫓아내느라 파티 자체를 완전히 잊어버린 우화처럼, 우리는 힘든 마음을 없애려는 데만 사로잡혀 하늘의 색깔, 사랑하는 사람과 보내는 시간, 좋아하는 일을 하는 순간 같은 바로 지금의 소중함을 잃어버리게 된다.

때때로 일이나 관계가 잘 풀리지 않는 것, 마음이 내가 바라는 만큼 편안하지 못한 것은 내가 잘못된 사람이어서 혹은 내 삶이 틀려서가 아니다. 힘든 감정, 부정적인 생각이 피어나는 것은 인생의 오류를 증명하는 증거가 아니라 단지 누구도, 누구의 삶도 완벽할 수 없다는 증거일 뿐이다.

불행하지 않은 마음의 상태가 행복이라는 관념을 내려놓으면, 역설적으로 '불편한 마음도 있는 지금 이 순간'의 소중한 것들이 눈에 보이기 시작한다. 마음에 불편함이 생겨났을 때 어떻게든 이를 없애야 한다는 생각에 사로잡히면, 그 달성하기 힘든 목표가 좌절되었을 때 한 번 더 상처받는다. 그러나 피하고 싶고 불편한 감정도 자연스럽다는 것을 인식하면, 마음속 불편함이란 완벽하지 못한 우리가 살아가며 경험하는 삶의 일부라는 사실을 받아들이면, 이를 피하기 위해 뒤로 제쳐두었던 소중함과 다시 마주할 수 있다. 바로 '불편함을 피하기 위한 삶'이 아니라 '원하는 삶으로 다가가는 삶'이다.

한 편의 글을 마무리하려 표현을 고르고 또 고르다 마침내 마음에 드는 문장을 끌어내려는 찰나, 어렵게 재웠던 아이가 반짝 깨서 운다. 글을 써온 지도 3년이 다 되어 간다. '굳이 글을 써야 하나', '피곤한데 굳이 고생을 자초할 이유가 있나'라는 생각도 종종 든다. 힘들지 않은 것을 행복으로 여기면 10분이라도 더 자는 것이

백번 낫다. 그에 반해 하고 싶은 일을 하는 것을 행복이라 여기면 힘들어도 일단은 할 만하다는 생각이 든다. 그저 힘든 것과 힘들지만 할 만하다는 것은 다르다. 옳고 그름은 없다. 선택만이 있을 뿐이다. 떠밀려 가는 삶에도 가치가 있다. 그 가치를 느끼느냐, 그렇지 못하느냐에서 행복이 갈릴 뿐이다.

부랑아 조를 몰아내려던 파티의 주인처럼, 어떻게든 힘든 마음을 없애버리려는 생각은 삶이라는 파티가 아닌 부랑아 같은 힘든 마음에만 몰두한다. 살아간다는 건 때때로 힘든 '시기'를 수반한다는 본질적인 사실을 이해하고 보듬는다면, 완벽하게 평안하지는 않은 마음을 안고서도 원하는 일상을 다시 이어갈 수 있다.

마음이 쓰리고 지치더라도 원하는 것이 있으니 무작정 참으라는 의미가 아니다. 마음의 장애물을 없애는 것에 몰두하고 이를 최우선으로 두고 살아가는 '방법'이 실제로 우리에게 진정으로 원하는 행복을 안겨주고 있는지를 되돌아보자는 것이다. 반드시 그럴듯한 가치를 찾아내야 한다는 것도 아니다. 그저 내가 살아가고 싶은 삶, 원하는 모습에 대해, 한 번쯤은 현실에 휘둘리지 않고 그려봤으면 한다.

마음속에 내가 바라는 나의 모습을 품으면 오늘 하루가 그 모습에 다가가는 하루인지, 멀어지는 하루인지를 견주어볼 수 있다. 이를 바탕으로 아무것도 하지 않기를 포함해 지금 내가 할 수 있는 여러 행동들 중 무엇을 할지를 결정할 수 있다. 어떤 이유 '때문에 그렇게 할 수밖에 없는' 삶보다, 어떤 이유를 '고려해 무엇을 할지를 택하는' 삶을 살아가는 마음은 한결 홀가분하고, 한층 더 충만할 것이다.

원하는 삶으로 다가가는 행동이 당신을 상상 그대로의 삶으로 인도할지, 그 앞에 원하는 그대로의 행복이 기다리고 있을 지는 아무도 모른다. 뭐 어떤가. 방향은 모를지언정 하루하루를 나아진다는 느낌으로 살아갈 수 있다면, 이 힘든 감정들이 언제쯤 사라질까만을 애타게 기다리던 나날보다는 더욱 마음이 가볍지 않을까. 그리고 그 가벼움이야말로 행복이라는 단어에 어울리지 않을까.

4

삶을 굴러가게 하는 작고 소중한 것

내 감정이지만
도무지 어떻게 표현해야 할지 모를 때

☕

감정에 이름표 달아주기

피아노는 피아노포르테의 줄임말이다. 학창 시절 음악 수업 시간에 외웠던 피아니시모(매우 여리게)-피아노(여리게)-메조피아노(조금 여리게)-메조 포르테(조금 세게)-포르테(세게)-포르티시모(아주 세게)의 셈여림 말 중 그 피아노와 포르테다. 피아노, 우아하고 세련된 느낌을 가진 단어다. 그런데 왜 옛날 사람들은 화려한 멜로디와 박자를 능히 표현해 악기의 황제라 불리는 이 건반악기에 왜 셈여림이라 이름 붙였을까.

피아노의 전신이라 할 만한 건반악기로 하프시코드와 클라비코드라는 악기가 있다. 하프시코드는 건반을 누르면 현이 뜯기는 원리라 아예 셈여림 표현이 불가능했고, 클라비코드는 셈여림 표현이 어느 정도 가능했으나 여러 음을 연속적으로 표현하기 어려웠고 음량 크기 자체가 너무 작았다.

반면 피아노는 건반을 누르면 건반에 연결된 해머가 현을 땅 때려 소리를 낸다. 현을 때린 해머는 바로 제자리로 돌아가는데, 이러한 원리 덕분에 피아노는 재빠른 연속음은 물론 연주자의 섬세한 손가락 세기 변화까지도 세밀히 표현한다. 화려하고 빠른 멜로디 변화와 더불어 세심한 세기 조절이 가능한 피아노는 음악계의 혁신이었다. 그러한 혁신에 대한 찬사로 이 악기의 이름은 피아노포르테가 되었으며 시간이 흘러 피아노로 줄여 불리게 되었다.

사람들은 곧 피아노에 매료되었다. 하프시코드와 클라비코드가 가진 특유의 매력과 이점이 있었지만 그럼에도 피아노는 독보적인 사랑을 받았다. 그 이유는 아마도 작곡가와 연주자 들에게 자신의 마음이 담긴 음악을 가장 섬세하게 표현할 수 있는 악기로 자리매김했기 때문이 아닐까 한다.

깃털로 건반을 터치하듯 연주해야 하는 드뷔시의 〈달빛〉을 〈라 캄파넬라〉의 절정처럼 격정적으로 연주한다면 작곡가가 본디 의도했던 느낌이 전혀 전해지지 않을 것이다. 같은 〈달빛〉이라도 드뷔시의 곡이 마치 성당 앞에서 손을 맞잡은 첫사랑에 빠진 연인을 은

은히 비추는 느낌이라면 베토벤의 〈월광 소나타〉는 오래된 연인과의 이별 후에 쓸쓸히 거실을 드리우는 달빛을 홀로 바라보는 느낌이다. 물론 멜로디가 완전히 다르지만, 그렇다고 해도 셈여림이 조절되지 않는 하프시코드로 그 차이가 온전히 표현될지는 의문이다. 심지어 같은 곡을 쳐도 연주자의 주법과 감성에 따라 완전히 다른 곡으로 표현되는 것이 피아노의 묘미다.

어떠한 악기보다도 섬세하게 예술가의 마음을 드러내주는 악기가 그토록 각광을 받았던 이유 아래에는, 보이지 않는 마음을 어떻게 표현할지에 대한 인간의 고민이 녹아 있는 셈이다.

슬프다는 한마디로 표현해버리는 수많은 감정들

홀로 살아갈 수 없는 사회적 동물인 인간에게, 보이지 않고 실체가 없는 마음을 타인에게 전하는 일은 삶에서 언제나 가장 중요한 화두였다. 하프시코드만 존재하던 세계에 피아노가 등장해 음악인들에게 축복이 되었듯, 표정과 소리, 몸짓으로 마음을 표현하던 인간에게 언어는 혁신이었을 것이다.

언어를 통해 우리는 너무도 편리하고 간결하게 서로의 마음을 주고받는다. 그런데 우리는 언어가 가져다준 편리함에 익숙해진 나머지 마음을 너무도 투박하게 드러낸다. '슬픔'이라는 단어를 적용할 수 있는 느낌은 무한대로 많다. 친했던 친구와 마음이 틀어져 돌아섰을 때, 가족이 세상을 떠났을 때, 원치 않는 이별을 겪었을 때, 시험이나 면접이 마음대로 되지 않을 때……. 헤아릴 수 없이 많은 상황의 제각기 다른 감정들이 슬프다는 한마디로 간결하게 표현되기 일쑤다.

감정은 몸과 마음이 우리에게 보내는 신호이자 우리가 원하는 행복으로 인도하는 이정표다. 그 감정이 본디 의도했던 신호를 우리가 잘못 해석하면 우리의 삶은 의도치 않은 방향으로 흘러 오히려 행복과 멀어지기도 한다.

예를 들어 슬프고 우울할 땐 곧잘 친구들과 어울려 술을 마시거나 밤을 새워 노는 것으로 마음을 달래는 사람은 '슬픔'이라는 느낌이 찾아올 때마다 으레 술 약속을 잡는다. 그러나 어느 날의 울적함은 따뜻한 차 한 잔과 함께 사색에 잠기기를 원하는 신호였을 수도 있고, 아무도 모르게 홀로 훌쩍 떠나고픈 마음이었을 수도 있다. 그런 감정을 세세하게 들여다보지 못하고 '슬픔'이라는 단어로 뭉 뚱그려 늘 그랬듯 음주가 주는 잠깐의 쾌락만을 찾게 된다면 그 울 적함은 되려 더 깊어질지도 모른다.

이렇듯 우리는 감정을 대할 때 그것이 좋은지 나쁜지를 나누 고, 익숙한 감정의 범주 중 어디에 해당하는지 정도로만 분류한다. 그리고 슬픔·분노·불안같이 나쁘다고 인식되는 감정에 대해서는 이를 깊이 살피기보다는 없애거나 이로부터 벗어날 수 있는 방법을 찾으려 몰두한다.

대표적인 불편한 감정 중 하나인 불안은 위험한 공사 현장을 지날 때도 느낄 수 있지만, 우호적이지 않은 동료들과 함께하는 직 장생활에서 느낄 수도 있고, 중요한 발표를 앞두고도 느낄 수 있다. 이러한 불안 앞에서 우리는 우선 '불안해'라는 거친 한마디로 지금 의 느낌을 익숙한 감정의 범주에 맞추어 이해한다. 그리고 '불안할 때는 그 느낌을 피해야 한다'라는 투박한 원칙에 따라 그 느낌을 회 피할 방법을 찾곤 한다.

머리로 벽돌이 떨어지는 일은 반드시 피해야 하지만 부담되는 발표 자리나 불편한 사람들을 피하는 것이 내가 원하는 방향이라는 보장은 없다. 그럼에도 우리는 불편한 만남을 미루거나, 모든 일을 그만두고 훌쩍 떠나버릴 생각에 몰두하거나, 과음을 함으로써 그러한 감정을 무디게 만들거나 피하려 시도한다.

발표를 앞두고 느끼는 긴장은 그것을 더 잘해내고 싶다는 신호이며, 동료들을 불편하게 느끼는 것은 그들과 잘 지내고 싶다는 소망, 혹은 필요가 존재하기 때문이다. 그런데도 단지 그 느낌을 '불안'이라는 쉬운 단어로 표현하고, '불안은 피하거나 제거해야 한다'는 생각에 사로잡혀 그런 시도를 반복할수록 감정은 더 날이 서고 버거워진다. 그 느낌이 존재하는 심층적인 이유를 제대로 살피지 못한 채 단지 감정을 억누르려고만 하면 오히려 마음의 반발을 불러일으키기 때문이다.

이는 '슬프다'고 말을 걸어오는 친구에게 깊은 자초지종을 듣기도 전에 "그래? 그럼 운동을 해봐", "여행을 떠나봐"라고 쉬운 해결책을 건네는 것과 같다. 일시적으로 무마되는 느낌을 줄 수도 있지만 그러한 방법들이 나의 마음과 삶을 낫게 해주진 않는다. 그 친구에게 가장 먼저 필요한 것은 "그렇구나. 무슨 일 있었어?"라며 그의 이야기에 귀를 기울이는 것이다.

그 감정의 온도와 색깔은 무엇일까?

우리의 마음도 우리가 귀를 기울여주기를 기다리고 있다. 우울하니 이런 것을 해보자, 불안하니 이렇게 대처해보자고 섣불리 결정하기보다 우울 또는 불안이라 쉽게 표현되는 세세한 감정들을 조금 더 돌아보고 이해해주면 어떨까.

마음이 무엇을 원하는지, 감정을 통해 내게 어떤 이야기를 건네고 싶은지를 알아보는 방법은 간단하다. 그 감정을 컨트롤하겠다는 마음, 나쁜 느낌을 어떻게든 몰아내겠다는 의도는 우선 내려놓아야 한다. 그리고 '슬프다', '피곤하다', '불안하다' 같이 어렴풋하게 표현했던 감정의 멜로디에 하나하나 셈여림을 붙여가며 더욱 세밀히 감정을 표현해보는 것이다. 그 감정의 질감은 어떻고, 어떤 색과 온도가 어울리는지, 언제 깊어지고 어느 때 가벼워지는지. 혼자 간직하고픈지 누군가와 함께하고 싶은지. 함께하고 싶다면 그 존재는 누구인지.

새로운 연인이 될 수 있을 것이란 두근거리는 설렘이 있는가 하면, 결코 이어질 수 없을 것을 알지만 어쩔 수 없는 서글픈 설렘도 있다. 모든 것을 다 내려놓아야 비로소 홀가분해질 부담감이 있는가 하면, 꾸역꾸역 이겨낸 성취감으로 씻어낼 부담감도 있다. 가까운 친구들과 떠들썩하게 함께 나누고 싶은 기쁨도 있지만 아무도 모르게 짓는 미소로 간직하고픈 기쁨도 있다.

'슬퍼', '몰라, 그냥 다 짜증나', '불안해', '어떡해야 할지 모르겠어.' 스스로의 감정이 잘 이해되지도 않고 그 감정을 어떻게 대해야 할지도 모르겠다면 우선 감정을 '다루겠다는' 마음은 조금 내려두자. 그리고 있는 그대로의 그 느낌을 좀 더 자세히, 좀 더 깊이 헤아려보자. 한 음, 한 음 멜로디만으로 연주되던 단순한 감정에 피아노처럼 화음과 셈여림을 담아 조금 더 섬세한 언어로 감정을 표현해보자.

이러한 관점에서 나의 경우를 생각해본다. 나는 내 마음에 잘 귀 기울이고 있었던가. 나는 지금 내 이름을 건 병원에서 일주일에 6일을 환자와 만난다. 평일은 저녁 7시까지 진료를 하는데 환자를 상담하고 나머지 일을 하다 보면 밤 9시를 넘어 퇴근하는 일이 흔하다. 토요일도 크게 다르지 않다. 그렇게 집에 돌아오면 늦은 저녁을 먹기도 귀찮을 정도의 무기력감이 밀려올 때가 있다. 그런 경우 씻지도 않은 채 잠을 자곤 했다.

피곤을 몰아내기 위해 잠을 잤지만 무기력한 느낌은 쉽게 사라지지 않았다. 막연히 지친 느낌에 '몸이 피곤하구나, 쉬어야 하는구나'라는 결론을 내리고 아무것도 하지 않는 나날들을 보낼수록 그 느낌이 더 강해졌다. 문득 환자들에게 하는 이야기와는 다르게 바쁜 일상에 쫓겨 나의 감정을 너무 두루뭉술하게 이해하고 있다는 느낌이 들었다. 그저 무기력에서 벗어나려는 노력만을 반복하고 있다는 것을 깨닫자 조금 더 내 마음을 자세히 살피기로 했다.

그 느낌은 '무언가 내가 원하는 바와 일상이 다르다는 느낌'에 가까웠다. 묵직한 솜이 몸을 짓누르는 피로감과는 달랐다. 오히려 소중한 물건을 잃어버린 채 일상을 이어가고 있다는 서글픔과 비슷했다. 많은 시간과 노력을 병원 운영이라는 새로운 과업에 기울이느라 내가 본래 가지고 있던 소중한 것들로부터 멀어지는 느낌이었다. 이 느낌은 피로를 가중시켰고, 그럴수록 나는 더욱 아무것도 하지 못할 것 같다는 지친 기분에 빠져들었다.

이를 깊이 깨달은 어느 날 밤, 피로감에 지쳐 침대에 눕는 대신 노트북을 켰다. 그리고 그동안의 일과 내 감정을 글로 남기기 시작했다. 졸리기는 하지만 쌓여 있던 응어리가 풀리는 것 같았다. 내가 느꼈던 그 무거운 감각은 '과로로 인한 피로'라는 단순한 단어로는 표현할 수 없었다.

나는 '내가 중요시하는 의미로부터 멀어진 슬픔'을 느끼고 있었다. 아무것도 하지 않을수록 그 느낌은 더욱 일상을 잠식했다. 내게는 의미를 주는 일이 필요했다. 일상과 마음을 글로 남기는 것, 그로써 누군가와 마음을 나누는 것, 좀 더 내 일을 잘할 수 있는 공부를 하고 사랑하는 가족과 보내는 시간을 늘리는 것. 한때 피로감이라 생각했던 그 느낌은 사실 그런 것들을 원하는 마음이었다. 그렇게 나는 아무것도 하고 싶지 않은 느낌을 세세히 돌아보다 문득 떠오르는 생각을 글로 쓰기도 하고, 아이와 산책을 나가기도 했다. 그리고 그 느낌이 생기로 바뀌는 것을 즐겼다.

감정, 나를 깊이 이해하는 실마리

싫으나 좋으나 내가 느끼는 기분은 마음이 내게 전하는 이야기다. 듣기 싫을 때도 많지만 그럴수록 이를 천천히 또 깊게 듣고 내가 표현할 수 있는 가장 섬세한 단어와 느낌으로 이를 이해하려 한다. 그럴수록 깨닫게 되는 것이 있다. 마음과 나, 우리 모두는 행복을 원하고 있다는 것을. 그리고 감정은 마음이 나를 괴롭히는 도구가 아니라, 좀 더 나를 깊게 이해하는 실마리라는 것을.

나는 어떠한 감정이 느껴질 때면 그것이 얼마나 달가운지 불편한지를 떠나 그 감정 자체에는 옳고 그름이 없음을 되새긴다. 좋거나 싫음에 대한 평가, 피해야 한다는 압박은 내려두고 감정을 만난다. 그 감정에 압도당할지도 모른다는 두려움까지도 안은 채 그 질감을 있는 그대로 느낀다. 때로는 이불처럼 포근하기도 하고, 바위처럼 짓누르기도 하며, 뜨거울 때도 있고, 차가울 때도 있다. 날카롭게 가슴을 파고드는 느낌일 때가 있는가 하면 여름 날 숲속 바람처럼 가볍고 시원할 때도 있다. 마치 같은 음표를 사용해 겨우 도, 레, 미, 파, 솔, 라, 시, 7개 음으로 작곡을 해도 어느 한 곡 같은 음악이 없는 것과 같다.

감정이 연주하는 선율을 듣다 보면 마치 마음과 대화를 하는 것 같다. 종종 나를 힘들게 하지만 하나밖에 없는 내 마음. 영원히 그와 멀어질 수 없다면, 나는 조금 더 그를 이해하고 기꺼이 사랑하기 위해 노력하겠다. 감정이나 느낌은 그 순간에 보내는 메시지다. 이를 이해하는 순간부터 감정은 해결해야 할 숙제, 해치워야 할 문제가 아니라 사실은 내가 가장 원하는 오늘 하루, 지금 이 순간을 알려주는 단서다.

그렇게 차근차근 마음에서 전해지는 느낌을 좀 더 농밀하게 연주하다 보면 들려올지도 모른다. 늘 진심으로 살아가는데도 막막하고 버거웠던 이유와 그토록 바랐던 평온과 행복으로 향하는 실마리, 스스로가 진정으로 원하는 삶과 하루의 모습이.

내가 살아 있다고
느끼는 시간들

☕

자존감이 부족하다고 생각할 때

자기 고백을 하자면 대학 시절 나는 열등감이 심했다. 의대생이 무슨 배부른 소리냐 할지도 모르겠다. 그러나 그 열등감을 설명하기 위해서는 화장실이 없던 다섯 평 남짓한 단칸방에 보증금 없이 세 들어 살던 네댓 살까지 거슬러 올라가야 한다. (지금 생각해도 부모님이 어떻게 그 집에서 아이를 키웠는지 부모가 된 입장에서 신기할 따름이다. 그 시절에는 다 그랬다고 하는데, 그 모든 부모들을 존경한다.) 집주인은 보일러까지 달아줬는데도 마음대로 이사를 하려 한다며 내 앞에서 어머니에게 호통을 쳤고,(세 들어 산다고 집주인에게 왜 혼나야 하냐고? 나도 모른다.) 어머니는 울며 내 양말을 갈아 신겼다. 어린 내가 처음 느끼고 접한 세상이란 그런 것이었다.

한 달에 몇 만 원 남짓 하는 급식비 통지서를 보여주는 것이 눈치가 보였던 초등학교 시절도 생각이 난다. 집안 형편이 많이 나아져 처음으로 이사 간 집은 높다란 산 중턱을 ㄴ자 모양으로 깎은 부지에 올린 아파트였다. 오르막길 경사가 매우 급해 처음 와본 사람은 "이런 데도 아파트를 짓냐?"며 웃는 곳, 피치 못할 사정으로 택시를 타면 "그런 데로 가면 기름 값도 안 나와!"라는 운전기사의 볼멘소리를 듣는 곳, 그런 곳에 우리 집이 있었다.

고등학생 때는 '아래 부자 동네'에서 과외를 받았는데 편도 한 시간이 넘게 걸리는 거리라 자정이 넘어야 마치는 마지막 수업을 들었다. 감사하게도 종종 수업 후 집까지 태워다 주시던 과외 선생님은 집으로 갈 때마다 오르막길에서 귀가 멍멍해진다고 웃으셨다. 나는 지금도 선생님을 좋아하고 그때의 배려가 감사하다. 단지 선생님의 농담에 함께 마음 편히 웃을 수 없었던 그 복잡한 기분이 떠오른다. 그러던 나였으니 이름만 대면 알 만한 병원의 원장님, 뉴스에서만 보던 지체 높은 분을 부모로 둔 동기들을 만나며 열등감을 느끼는 것은 너무도 당연했다.

달동네지만 집도 아파트고 과외까지 받았는데 무슨 열등감이야? 맞는 말이다. 그러나 그럼에도 내 열등감은 진심이었다. 나를 힘들게 하던 것, 내가 그토록 원하던 것들이 누군가에게는 너무 쉽거나, 당연하거나, 아무것도 아니었다. 마지막 보루처럼 내 학창 시절의 알량한 자존심을 지켜주었던 성적도, 전국권 모의고사 등수를 논하는 동기들 앞에서는 아무것도 아니었다.

그때의 내게, 내 마음에게 누군가가 '네가 잘 몰라서 그래. 사실은 너는 있는 그대로 소중한 사람이야'라고 대단한 비밀을 알려주는 양 이야기를 해주었더라도 아마 그 말이 그리 깊이 다가오진 않았을 것이다. 외려 '저 사람은 나를 잘 모르는구나. 지금 내 마음이 어떤지도 모르고 저렇게 속 편한 이야기를 하는구나'라고 생각했거나, 그렇게 편하게 이야기할 수 있는 그의 처지를 부러워했을 것이다.

그렇게 몇 해를 보냈다. 그나마 의대 공부도 잘 맞지 않아 휴학을 고민하던 어느 날, 문득 그런 생각이 들었다. 잘난 것도, 내세울 것도, 비빌 언덕도 없는 나, 그래서 뭘 어쩌자는 걸까.

기분에 휘둘리지 않는 하루

내가 정의하는 자존감은 이 지점에서 시작되었다. 내가 얼마나 부족한지에 대해 생각한다고 해서 없던 돈이 생기는 것도 아니고, 시험에 저절로 통과할 수 있는 것도 아니고, 헤어진 연인이 돌아오지도 않는다. 늘 어딘가 부족한 듯 느꼈던 과거가 멋지고 따뜻한 순간들로 변하지도 않는다. 내가 얼마나 괜찮은지 아닌지와 무관하게 오늘 하루는 시작되고 또 지나간다. 내게 허락된 하루라는 시간은 한정되어 있다. 그 시간을 그러한 생각들 속에 빠져 지낼지, 지금 할 수 있는 무언가를 하며 보낼지는 내 선택이다.

그런 생각이 들었다고 해서 갑자기 세상이 쉬워 보인다거나 부러운 것들이 사라지지는 않았다. 단지 생각에 머무르기보다 내가 하고 싶은 것, 할 수 있는 것들을 하며 하루를 채우기 시작했다. 시험공부를 조금 더 하고, 돈이 필요할 땐 아르바이트나 과외를 했다. 새로 운동을 배워보기도 하고, 잠시 틈이 나면 훌쩍 떠나보기도 했다. 스스로를 사랑하기 위해서가 아니라 해야 해서, 혹은 하고 싶어서 그냥 했다.

그것들이 좋은 결과로 이어졌다거나, 멋진 추억을 만들어주었다거나, 좀 더 나은 나로 만들어주었으니 다른 이들도 그래야 한다는 방법을 제시하려는 것은 아니다. 단지 원하는 오늘을 보내며 비로소 끝없는 생각의 고리에서 벗어나 삶으로 돌아올 수 있었다는 내 경험을 나누고 싶다.

내가 얼마나 괜찮은지, 혹은 얼마나 부족한지, 내 삶이 왜 힘들 수밖에 없는지에 대한 생각들은 늘 마음속에 떠다닌다. 그것이 얼마나 믿을 만한지 그렇지 못한지를 떠나 그 말들은 그 자체로 내 삶에 어떠한 영향도 미치지 않는다. 그러나 그러한 마음에 젖어 아무것도 하지 못한 '시간들'은 내 삶에 영향을 미친다. 내 하루에 영향을 미친 것은 나를 슬프게 하는 생각들이 아니라 그 생각에 빠져 아무런 행동도 하지 못한 나다.

'나는 괜찮은 사람일까?'라는 생각이 떠오를 때 우리는 '그래도 이만하면 나도 괜찮은 사람이잖아'라는 설득을 곧잘 시도한다. 그러나 앞서 이야기했듯이 우리가 괜찮은 이유를 떠올리면 또 괜찮지 않은 이유, 스스로가 못난 이유, 인생이 버겁기만 한 이유가 꼬리에 꼬리를 물고 떠오른다. 그래서 나 자신이 부족하다는 마음을 말이나 생각으로 설득하고 다독일 방법은 없다. 그것이 잘못되었다거나 그러면 안 된다는 것이 아니라, 그러한 시도가 잘 먹히지 않는다.

대신 스스로를 부정하는 생각들 그리고 그에 따르는 기분들이 나의 오늘을 정의하게 두지 않는 것이 내가 생각하는 자존감이다. 내가 자존감을 느끼는 과정은 생각이 아닌 행동으로 이루어진다. '넌 형편없는 사람이야, 시험에서 떨어질 거고, 면접은 엉망으로 망칠 거고, 구상하는 일은 시작도 못 할 거야'라고 시비 걸어오는 마음에 맞서 애써 '아니야, 나와 내 삶은 있는 그대로 괜찮아'라며 굳이 다독이진 않는다. 그냥 그대로 둔다. 포기나 체념이 아니라, 굳이 그 생각에 '생각으로 맞서는 것은' 그리 효과적이지 않음을 느꼈기 때문이었다.

내가 형편없는 사람임을 받아들이는 것이 아니라, 그러한 생각을 지금 당장 어떻게 할 수는 없다는 사실을 받아들이기로 했다. 대신 지금 해야 할 일이 있는지를 생각했다. 해야 할 공부나 과제가 있다면 일단 5분만 하자는 마음으로 그 일을 시작했다. 물론 나를 괴롭히는 생각과 감정은 사라지지 않았다. 그저 그렇게 하는 것이 내 삶에 나을 것 같아서, 그렇게 보내는 오늘 하루가 더 마음에 들어서 그렇게 했다.

그러다 특별히 할 일이 없을 때면, 요리를 했다. 지금 먹고 싶은 음식을 만드는 일은 일상적이면서도 특별히 만족스러웠다. 필요한 재료를 사러 마트에 가야 하고, 마트를 가기 위해서는 세수를 해야 하며, 세수를 하려면 침대에서 일어나야 한다. 이불 속에서 눈을 감고 답이 없는 생각만 하던 일에서 벗어나는 것을 시작으로, 하루의 모든 것이 달라졌다.

마트로 가는 길에 계절이 얼마나 변했는지가 눈에 들어온다. 마트에 들어가서는 야채 칸의 서늘한 수증기를 팔로 저으며 느끼고, 갓 구운 빵 냄새에 군침을 삼키며 새로 나온 냉동만두도 괜히 하나 집어본다.

식재료를 사서 집으로 돌아와 노트북에 블로그 레시피를 켜두고, 동영상의 칼질을 서툴게 따라해본다. 스크롤을 내릴수록 요리도 점점 완성되고, 뒤죽박죽이던 마음보다는 눈앞의 음식 맛이 더 궁금해진다. 어느 날은 기대를 훌쩍 넘는 음식 맛에 흡족해하기도 하고, 완전히 망쳐버린 양념 탓에 몇 입 먹다가 급히 계란 프라이를 하거나 라면을 끓이기도 한다. 혼자서 조용함을 즐길 때도 있고 친구들을 불러 왁자지껄하게 시간을 보낼 때도 있다.

생각에서 빠져나와 '그냥' 나로 살아보기

그렇게 하루하루를 이어간다. 사실 우리가 살아온 과거의 하루 중에, 스스로의 유능함을 확인하거나, 지금의 삶에 두고두고 도움이 될 만한 날들은 의외로 많지 않다. 한 석 달 가량 열심히 중국어를 공부했지만 지금 읽을 수 있는 중국어는 단 한 자도 없다. 커피와 마음을 엮어 책을 펴내려 열심히 끄적였지만 남에게 보여주기 민망한 원고만 잔뜩 쌓였다. 거금을 들여 야심차게 1년 치를 구독한 영화로 배우는 영어 프로그램은 위약금의 아픔만 남기고 중단했다.

유능함보다는 무능함을 느끼는 순간, 쓸모보다는 무쓸모한 순간이 많은 것이 삶이다. 그냥 지금 내가 하면 더 좋을 만한 것, 혹은 하고 싶은 것을 떠올리고 그것을 실제로 했다. 생각으로부터 나 스스로를 끄집어내어 나의 삶으로 돌려주고 싶었다. 삶이 무엇일까 생각하기보다 살아가는 느낌이 좋았다.

　자존감이란 말을 풀어보면 스스로 존재한다는 의미다. 타인과 비교해 이런 부분이 부족해 속상하지만 그래도 이러저러한 부분은 꽤 괜찮다고 애써 마음을 설득하는 과정은 자존감과는 거리가 있다. 그저 내 삶이 존재함을 느끼는 것, 기쁨과 슬픔이 뒤섞인 마음을 있는 그대로 받아들이는 것. 삶이란 이토록 허무한 것이지만 그 허무함 속에서도 살아보고픈 삶을 떠올려보는 것. 그리고 마음에 떠오르는 생각과 감정을 고스란히 안은 채 그런 인생에 다가가는 하루를 보내는 것, 내가 살아가고 있다는 것을 느낄 수 있고 내 삶이란 이런 것이라 스스로 정의할 수 있는 것, 그것이 내가 생각하는 자존감이다.

　'있는 그대로의 나를 사랑할 수 있어야 하는데, 그걸 가능하게 하는 능력인 자존감이란 스펙이 있어야 하는데, 나는 그게 부족하구나, 어떻게 하면 그 능력을 손에 넣을 수 있지'란 고민이 버겁다면, 그 시간에 대신 오늘 먹을 점심 메뉴를 고민하면 어떨까? 나는 어떤 음식을 먹을 때 기쁜지, 누구를 만나고 싶은지, 어디로 떠나고 싶은지.

북토크에서 한 분이 있는 그대로의 나를 사랑하고 싶은데 그게 너무 잘 안 된다는 고민을 이야기하며 눈물을 흘렸다. 마음이 아팠다. 누가 그를 눈물짓게 했을까. 그때도 말씀드렸지만 글로 한 번 더 전하고 싶다.

"어떻게 자신을 억지로 좋아할지를 고민하진 않으셔도 돼요. 마음에 들지 않는 나를 억지로 끌어안는 대신, 나를 마음에 들어 하지 못하는 그 마음을 안아주세요. 그리고 원하는 삶으로 다가가는 하루는 어떤 것일까를 고민해보고, 그런 하루를 그냥 살아보세요."

너무 노력하려고
애쓰고 있다면

☕

하려고 노력하지 않고 그냥 하기

우리는 하루 종일 노력한다. 아침에 일찍 일어나려고 노력하고, 만원 지하철에 타려고 노력하며, 춘곤증·식곤증 등 각종 졸음을 참아가며 일에 집중하려고 노력한다. 상사에게 잘 보이려 노력하고 발표 자료를 잘 만들려 노력하며 그 와중에 돈 버는 주식 종목을 찾으려 노력한다. 퇴근 후에는 나름의 자기계발을 하느라 노력하고 내일도 출근을 해야 하니 오지 않는 잠을 자느라 노력한다.

'노력한다'의 통상적인 의미는 '원하는 바를 성취하기 위해 힘을 쏟는다'이다. 그런데 노력이란 단어에는 숨은 뜻이 한 가지 더 있다. 바로 '더 좋은 것을 얻기 위해 무언가를 참는다'는 의미다. 시험공부를 하기 위해 노력한다는 것은 친구들과 어울려 맥주 한잔하고 싶지만 참는다는 의미다. 아침에 일어나기 위해 노력한다는 것은 조금 더 자고 싶지만 출근하려 애써 일어난다는 뜻이고, 만원 지하철에 타기 위해 노력한다는 것은 훌쩍 제주도로 떠나고 싶지만 꾹 참고 회사에 간다는 뜻이다. 칼퇴근이 간절하지만 야근을 하면서까지 해야 할 일을 해내느라 노력하고, 쉬고 싶은 마음이 굴뚝 같지만 아이와 놀아주려 노력한다.

언어에는 힘이 있다. 하려는 일에 노력한다, 열심히 한다는 이름표를 붙이면 그 일은 지금 하기는 싫지만 미래를 위해 참고 해야 하는 '중요한' 일이 된다. 하지만 마음은 이성만큼 냉정하고 효율적이지 못하다. 하기 싫은 일을 억지로 하는 데는 한계가 있다. 노력하자, 열심히 하자라는 이성의 독려가 실천으로 잘 이어지지 않는 이유, 조금 이어지다가도 이내 중단되는 이유다. 그런 상황에서 우리는 '아, 이러면 안 되는데, 계속 노력하기로 결심했는데'라며 또다시 고뇌한다.

그렇게 우리는 이럴 수도 저럴 수도 없는 지점에 도달한다. 일이든, 관계든, 개인적 성취든 무언가를 노력해야 한다고 생각하면서도 막상 그것을 하는 것은 너무 귀찮고, 어렵고, 막막하고, 기약이 없어 실천에 옮기질 못한다. 막연히 '무언가를 해야 하는데, 열심히 해야 하는데'라는 생각에 빠져 그저 어제만큼의 하루를 보내게 된다. 아니, 어제만큼의 하루를 보내기도 벅차다.

특별히 무언가를 하지 않아도 지칠 때

전문의가 되고, 결혼을 하고, 열심히 살려는 마음이 충만할 때 갑작스레 입대를 했다. 전방에서 군의관으로 근무하며 하루에 8시간씩 자고 규칙적으로 밥을 먹고 운동을 하는, 그 어느 때보다 건강한 생활을 이어갔지만 입대 초기 나는 극심한 무기력에 시달렸다. 이런 증상은 군의관들에게서 종종 관찰되는데 우리는 이를 '중증 군 무력증'이라고 자조적으로 표현한다. 한참 열심히 일할 30대에 3년이라는 시간을 군에서 보내야 하는 답답함과 미래에 대한 걱정, 공허함이 신체적 무력감으로 표출되는 것이다.

3년이라는 복무 기간을 제외하면 근무 방식·처우·급여 등 객관적 근무 조건은 일반 사병보다 괜찮은 편이었다. 하지만 나는 당시 막 결혼식을 올린 참이었는데, 신혼여행을 다녀온 지 일주일 만에 맞벌이하는 아내와 떨어져 살아야 했다. 아내가 주말에 나를 보기 위해서는 기차 3시간, 지하철 30분, 버스 2시간을 꼬박 타고 왕복해야 했다. 시간이 흘러 아내가 임신을 했고, 곁에서 시간을 함께 보낼 수 없어서 내내 마음에 걸렸다. 아이가 태어난 뒤에도 코로나 이슈가 있을 때는 3개월 이상 가족 얼굴을 보지 못하기도 했다.

무엇보다 힘들었던 것은, 어쩌면 삶의 전성기에 전문성을 전혀 살리지 못한 채 지식이 녹스는 것을 그대로 지켜보아야 한다는 사실이었다. 입대 후 내가 처음으로 맡은 보직은 군 적응에 어려움이 있거나 정신과적 질환으로 복무를 이어가기 힘든 사병을 심의하는 일이었다. 실제로 힘든 상황에 있는 병사가 다수였지만 복무를 기피하려는 이도 종종 있었다. 어떻게 마음을 다독이고, 더 나은 삶을 살 수 있을지를 이야기하는 대신 사병이 호소하는 증상이 진짜인지를 고민해야 했고 이를 확인하기 위해 인솔 간부와 진실 게임을 해야만 했다.

힘든 누군가가 적절한 조치를 받을 수 있도록 심사하는 일은 의미 있었지만, 환자를 치유하기 위해 쌓은 지식들이 마치 거짓말 탐지기로 활용되는 듯했고, 면담이 진료가 아닌 탐문으로 느껴져 자괴감이 들었다. 전문의 시험을 치른 직후인 30대 초반, 그 어느 때보다 지식이 충만하고 생산성이 높은 이 시기를 치료할 환자를 접하지 못한 채로 보내야 한다는 사실이 매우 고역이었다. 여기에 사병에 비하면 많지만, 억에 가까운 학자금 대출을 상환하며 생계를 꾸려가기엔 모자란 급여도 현실적인 고민을 더했다.

특별히 무언가를 하지 않아도 지쳤다. 마음 한구석에 늘 '지금 이렇게 시간을 보내도 되는 걸까', '공부하고 결혼하느라 빚만 많이 늘었는데, 30대 중반이 다 되도록 경제활동도 제대로 못 하고 괜찮을까', '그렇다고 지금 당장 다른 무언가를 할 수 있는 것도 아닌데 어떡하지', '무언가 노력을 하긴 해야 할 텐데'라는 생각이 가득했다.

피로감에 짓눌려 퇴근하면 침대에 누워서 영화나 유튜브만 보았다. 심지어 게임기조차 직접 조작하는 것이 귀찮아 유튜버들의 플레이 영상만 보았다. 가끔 노력이라는 단어를 떠올리며 영어 공부를 시도하기도 했지만 이내 접고 말았다. 그렇게 노력해야 한다는 생각, 그 생각에 짓눌려 아무것도 못 하는 하루를 반복했다.

그러던 어느 날 두 가지 생각이 들었다. 하나는 노력해야 한다는 강박만으로는 결코 머릿속에 가득한 고민들을 개운하게 해결해줄 변화는 일어나지 않는다는 것. 다른 하나는 하루를 살아가는 데 필요한 마음의 에너지가 생산적인 무언가를 해야 한다는 부담, 바꾸어야 한다는 생각으로 모두 소진되고 있다는 것이었다. '열심히 해야 하는데', '무언가 의미 있는 일을 해야 하는데'라고 고민해봤자 실제로 일어나는 일은 아무것도 없었고 지금 이렇게 하루를 보내면 안 된다는 한숨과 후회만 쌓였다.

어차피 쓸 에너지면 차라리 하고 싶은 데 써보자는 생각이 들었다. 노력하기 위해 노력하지 않기로 했다. 어차피 몸은 하나고, 지금 이 시간에 할 수 있는 것은 '아무것도 하지 않는 것'을 포함해 하나뿐이다. 여러 가지 일 중 지금 할 일'만' 선택하기로 했고, 어떤 이유든 그것을 하기로 했을 때는 옳은지 그른지 따지지 않기로 했다.

잘 듣지도 않는 영어 강좌는 그날로 바로 큰 손해를 감수하고 환불했다. 육체적인 이유든 심리적인 이유든 손가락 하나 들 힘도 없을 때는 마음을 비우고 영화를 봤다. 그럴 땐 내가 피곤한 이유는 그만큼 일을 하고 왔기 때문이라는 단순한 사실도 되새겼다. 그러다가도 갑자기 궁금한 것이 생겼을 때는 전공 책을 펼쳐 공부를 하거나, 관련 지식을 확장할 수 있는 학회에 참가했다. 괜히 글이 그리울 때는 썼고, 다 귀찮을 때는 유튜브를 봤다. 아이와 함께 있을 때는 무언가를 해야 한다는 생각들을 다 내려두고 아이와 온종일 '격렬하게' 뒹굴었다.

자괴감과 답답함에 휘둘리지 않기

내가 하는 일을 굳이 좋은 것과 나쁜 것으로 나누어 나쁜 것을 줄이고 좋은 것을 많이 해야 한다는 강박에 시달리지 않기로 한 것만으로도 마음이 한결 가벼워졌다. 오늘 편안하게 게임을 하고 유튜브를 보는 것은, 나의 미래를 포기하는 일이 아니며 지금 휴식을 취하는 것이 나에게 가장 좋은 일이기 때문에 그렇게 한다. 의미 있는 일을 해야 하는데 귀찮거나 의지가 부족해서 노는 것이 아니라, 노는 것 역시 적극적으로 지금 내 삶에 필요해서 선택한 것이며 그렇기에 오늘 하루만큼의 공부나 업무는 하지 못한다는 사실 역시 있는 그대로 받아들이기로 했다.

그런 마음으로 일주일, 한 달을 지내니 이상하리만큼 마음이 편안해졌다. 삶은 하고 싶은데 하지 못하는 것, 하기 싫지만 해야 할 것들의 연속이 아니라, 멍 때리기, 텔레비전 보기, 아무것도 하지 않기를 포함해 내가 하고 싶은 더 좋은 일 중 무엇을 할지를 선택하는 과정임을 깨달았다.

하고 싶은 것만을 할 수 있는 삶, 모든 것이 원하는 대로만 이루어지는 삶은 존재하지 않는다. 야속하지만 분명한 현실이다. 하지만 그 새삼스러운 현실은 10년 전에도, 지난달에도, 어제도 그랬다. 지금 나를 피로하고 지치게 하는 것은, 어제와 크게 달라진 것이 없는 현실이 아니라 '이대로는 안 되는데', '노력해야 하는데'라는 강박임을 깨달았다.

이를 느낀 이후부터는 내가 하는 일에 '노력한다는 이름표'를 공연히 붙이지 않는다. 무언가를 '하기 위해 노력하지 않고' 그냥 한다. 아무것도 하지 않고 누워 있는 것을 포함해, 어떤 일이든 그 일을 할 만한 이유, 하고 싶은 이유가 있다는 사실을 떠올린다. 그 일을 하는 데 굳이 노력은 필요하지 않다. 지금의 나 그리고 앞으로의 나에게 가장 좋은 일이므로 기꺼이 할 수 있다.

최근 나는 새벽에 일어나기를 시도하고 있다. 사실 잠을 매우 좋아한다. 그러나 잠 이상으로, 졸린 눈으로 창을 열었을 때 서늘한 새벽 공기를 얼굴로 맞는 느낌을 좋아하고, 그 시간에 글을 쓰고 싶다는 욕심도 생겼다. 차분히 내린 커피 한 잔을 곁에 두고 노트북을 열 때의 설렘이 있다. 그때 쏟아지는 하품 역시 억지로 참아내야 할 고통이 아니라 새벽 시간을 즐기는 과정 중 하나다. 도저히 피로를 이기지 못할 땐 전원을 켜자마자 노트북을 다시 덮을 때도 있다. 글을 쓰기로 한 노력이 실패한 것이 아니라, 지금 나를 위하는 선택이 잠을 자는 것이기 때문에 '생산적인 일을 하겠다는 욕구를 이기고' 잠이 들 뿐이다.

내가 늘 염두에 두는 것은 '노력해야 하는데 그러지 못하고 있다는 자괴감'과 '정말 하고 싶은 일이 있는데도 무언가를 위해 참고 있다는 답답함'에 휘둘리지 않는 것이다. 그것들이 갉아먹는 힘을 좀 더 괜찮은 글을 쓰는 데, 혹은 좀 더 편안히 쉬는 데 쓰고 싶어서다.

나는 오늘도 출근을 하거나, 아이와 놀거나, 글을 쓰거나, 영화를 보거나, 연구회에 참석하거나, 적극적으로 아무것도 하지 않는다. 출근·원고 마감·설거지 같은 얼핏 하기 싫지만 참고 노력해야 하는 일로 보이는 것들이, 사실 내가 지극히 스스로를 위해 선택한 일임을 되새긴다. 애써 참거나 노력하지 않고 그냥 한다. 무엇이 되었든 그것들을 하며 보내는 하루가 내게는 가장 완벽한 하루다.

스트레스 해소가
우리에게 주는 것들

어느 정신과 의사의 마음 관리법

"다른 사람의 힘든 마음을 매일 들여다보는 정신과 의사는 그 스트레스를 어떻게 풀어?"

의사가 되고 제법 자주 듣는 질문이다. 정신과 의사가 되기 위한 수련 과정에는 마음 관리법을 배우는 부분이 있다. 환자가 쏟아내는 생각과 감정들이 파도가 되어 홍수처럼 내게 밀려올 때 무작정 휩쓸리지 않는 방법, 환자의 이야기에 공감하되 그에 휘둘리지 않고 내 마음을 유지할 수 있는 관점과 방법을 배운다. 그래야 진료실을 찾아온 환자에게 가장 알맞은 도움을 건넬 수 있다.

그러나 질문의 의도는 진료에 임하는 의사의 마음 건강이 아니라 '정신과 의사도 일을 하다 보면 분명 성질이 뻗칠 건데 그럴 땐 어떻게 해?'라는 개인적인 차원에 대한 것일 테다. 그래서 지금부터 적어갈 질문에 대한 답 역시 모든 정신과 의사가 공유하는 교과서적인 방법이 아닌 내가 감정을 다루는 지극히 개인적인 관점이다.

기분을 반전시키는 나만의 방법

"어떻게 스트레스를 해소해요?"라고 누군가가 물으면 나는 곧잘 이렇게 대답하며 웃는다. "굳이 스트레스를 풀려고 스트레스 받지 않아요."

말장난 같다. 화를 쌓아두면 병이 된다고 환자에게 말하지만 정작 나는 스트레스를 받아도 참기만 한다는 말일까. 굳이 스트레스를 받을 일이 없을 만큼 삶이 평탄하고 무난하다는 배부른 이야기인가. 아니면 이제 감정의 파도 따위에는 도가 터서 그런 고민 자체를 하지 않는다는 현자 같은 소리일까.

모두 아니다. 스트레스를 해소하기 위해 스트레스를 받지 않는다는 말은 내 행동들에 '스트레스 해소용'이라는 꼬리표를 붙이지 않는다는 의미이다.

스트레스를 받을 때 우리는 힘들다는 생각을 하거나 불쾌하거나 불편함을 느낀다. 일이 원하는 대로 풀리지 않을 때 느끼는 답답함과 불안함, 중요한 사람에게 오해를 사거나 그와 갈등을 빚을 때 생기는 초조함, 주어진 능력과 시간을 넘어서는 일들을 감당하며 생기는 중압감과 실패할 것 같다는 비관적인 마음 등을 우리는 스트레스라고 한다.

스트레스 해소는 어떠한 행동이나 계기를 통해 힘들고 불쾌한 기분을 반전시키는 것을 의미한다. 음악을 듣거나, 친한 친구와 통화하며 한바탕 고민을 쏟아내거나, 볕 좋은 날 좋아하는 카페에서 커피 한 잔을 시켜놓고 창밖 풍경을 즐기거나, 사랑하는 사람을 만나거나……, 그런 일들을 통해서 마음에 쌓인 불쾌한 생각과 감정들을 덜어내고 마음이 한결 가벼워졌을 때 우리는 스트레스를 해소했다고 한다.

그런데 내게 그런 시도는 대개 성공적이지 않았다. 평소에 내가 좋아하는 일들, 이를테면 피아노 치기, 농구하기, 커피 내리기, 바다 보러 떠나기 등은 거친 마음의 소용돌이를 쉽사리 잠재우지 못했다. 이런 일에 '나의 스트레스 해소법'이란 이름을 붙이면 상당히 그럴듯해 보인다.

그러나 그 정도로 편안해질 만한 일이나 감정이었다면 그냥 약간의 시간이 지나면 괜찮아질 가능성이 높다. 반대로 정말 버거운 마음의 짐이라면 잘 달래지지 않는다. 나의 경우에도 그랬다. 책을 좀 읽는다고 해서 마음에 깊이 남은 상처가 사라지지는 않았다. 커피 한 잔을 내리면서도 미래에 대한 불안은 여전했다. 교수님에게 크게 혼난 정도의 불편함은 술 한 잔으로 달랬지만, 이 길을 계속 걸어가는 것이 맞는지에 대한 고민은 아무리 술을 들이켜도 사라지지 않았다.

스트레스 해소에 얽매어 있지 않나요?

일상에 기쁨을 안겨주는 작은 행동으로도 스트레스가 풀리지 않으면 우리는 좀 더 자극적이고 강렬한 쾌락, 혹은 충격적인 회피를 시도한다. 진탕 술을 마셔 일시적이나마 그러한 기분을 지우려 하거나, 맡고 있던 모든 책임을 내팽개친 채 얼마간 여행을 떠나거나,

자신에게 스트레스를 안겨주는 사람과의 관계를 아예 끊어버리기도 한다.

이러한 방법을 통해 우리가 원하는 것은 물론 스트레스라 표현되는 불쾌한 느낌에서 벗어나는 것이다. '어떤 방법이 이러한 목적을 잘 달성시켜줄 것인가'라는 익숙한 고민에서 한 발 벗어나 다른 질문을 던져본다. "불편한 느낌이 존재해서는 안 된다는 생각, 어떻게든 그런 생각과 감정들로부터 반드시 벗어나야 한다는 익숙한 관점이 오히려 우리를 힘들게 하지 않을까?"

스트레스를 반드시 해소해야 하는 문제로 생각한다면 이것이 사라질 때까지 우리는 여기에 얽매인다. 책을 보고, 운동을 하고, 산책하고, 친한 친구를 만나고, 여행을 떠나는 일상의 작고 소중한 일들이 자체의 소중함 때문이 아니라, 마음을 옭아매는 우울·불안·초조함을 없애기 위한 것이 된다. 그리고 그러한 무의식적인 생각에 따라 내가 지금 하는 행동이 '불편한 마음을 충분히 해결해주는지 아닌지'만을 따지게 된다. 한 번뿐인 삶의 순간들을 보내면서도 정작 마음은 현재의 소중함에 집중하지 못한다. 그저 그것이 내 마음의 짐들을 얼마나 효과적으로 가볍게 하고 있는지, 그러한 마음들이 아직 얼마나 남아 있는지만 계산한다.

깨끗하고 시원한 푸른 바다를 바라보고 있다고 해서 세상과 사람에게 덴 마음의 상처가 말끔히 사라지지 않는다. 바다를 보는 일과 지우기 힘든 마음의 아픔이 있다는 사실은 서로 연관이 없다. 파도가 가져다주는 상쾌함을 느끼며 무거워진 마음이 얼마나 괜찮아졌는지를 확인하려 든다면, 애석하게도 마음은 충분히 괜찮지 않을 때가 많다. 그런 기분으로는 평소 좋아하는 어떤 일을 해도 마음이 가벼워지지 않는다. 그러다 결국 '어떻게 해도 마음이 괜찮아지지 않는데 이제는 어떻게 해야 하지'라는 막막함, 답답함에 갇힌 느낌만이 남는다.

그보다는 마음의 고통도, 삶의 아름다움도 모두 지금 존재한다는 사실을 알아차리면 어떨까. 마음을 짓누르는 스트레스를 털어내기 위해서가 아니라 평화로운 백사장, 잔잔히 밀려오는 부드러운 파도가 그리워 바다를 찾으면 어떨까. '살다 보면 생각대로 이루어지지 않는 순간은 늘 있고 그로 인해 마음이 아픈 건 자연스러운 일이야'라며 힘든 마음을 다독이고 그 마음 그대로 눈앞의 아름다움을 찬찬히 느껴보면 어떨까.

아깝고 소중한 작은 행복

불편한 감정은 풀릴 만한 상황, 혹은 충분한 시간이 주어졌을 때 사라진다. 생물학적으로 슬픔, 불안과 같은 전기적 신호는 영원히 지속될 수 없다. 한 번 전기적인 신호를 발생시킨 신경은 추가 자극이 주어지지 않는다면 자극을 느끼기 이전의 상태로 돌아가려는 성질이 있기 때문이다. 그러나 지속적인 두려움이 주어진다면 이에 대응해 발생하는 신경의 생리적 패턴이 공고화되고 고착화된다.

'편해지고 싶다', '상처로부터 벗어나고 싶다'는 생각에는 불편한 경험, 상처받은 기억과 그에 상응하는 감정을 반복 경험하는 것과 동일한 생리적 패턴이 작용할 수 있다. 이는 힘든 감정을 유발한 고통이 그대로 남아 있는 상태에서 다른 것들로 이를 무마하려는 시도가 잘 먹히지 않는다는 의미이기도 하다.

어찌 보면 당연한 사실을 새삼스레 깨닫고 나니, 내가 너무도 사랑하는 순간들이 고작 불편한 기분을 반전시키는 도구로 쓰이는 것이 아깝고 무용하다는 생각이 들었다. 그래서 나는 진심으로 굳이 스트레스를 풀려 들지 않는다. 대신 힘든 마음이 다른 소중한 것의 의미를 퇴색시키지 않도록 노력한다.

　스트레스 해소를 위해 바다를 찾지 않는 것처럼 나는 불편한 마음을 누그러뜨리기 위해 커피를 내리지 않는다. 원두 봉지를 펼칠 때, 그라인더에 원두를 갈 때, 커피 물을 내릴 때, 마침내 입안에서 그 수고로운 한 잔을 음미할 때, 각각의 순간마다 달라지는 커피 향을 즐기는 과정이 달가워서 커피를 내린다. 어두운 마음을 밝히기 위한 행동이라기엔 그 작은 행복은 너무도 아깝고 소중하다. 우울할 때도 커피를 내린다. 우울한 마음을 없애기 위해서가 아니라 어두운 마음은 그대로 안고 커피 한 잔이 주는 행복은 행복대로 온전히 느끼기 위해서다.

　슬픔과 행복이 뫼비우스의 띠처럼 이어지는 것이 삶이다. 이런 삶에서 스트레스를 '반드시' 해소해야 한다는 생각은 슬플 때는 슬퍼서, 기쁠 때는 그 기쁨에 몰입하지 못하게 해서 슬퍼할 수밖에 없도록 우리를 잡아당긴다. 모든 것이 마음대로 이루어지지 않는 삶에서 크고 작은 스트레스는 늘 존재할 수밖에 없다. 그렇다면 스트레스가 존재한다는 사실이나 스트레스에서 벗어나야 한다는 관점으로 인해 힘겨워하기보다는, 그 마음이 잘못되지 않았다고 스스로를 보듬어주면 어떨까. 그리고 지금 당장 만날 수 있는 소소하고 소중한 것들에 마음을 기울여보면 어떨까.

군이 힘든 마음을 지금 당장 해소하려 노력하지 않고, 아끼는 순간들을 슬픔을 해결하기 위한 도구로 소모하지 않으며 그 소중함을 있는 그대로 마주하는 것, 그것이 나의 스트레스 해소법이자 행복으로 향하는 방법이다.

다짐을 실행하게 하는
마법의 주문

☕

왜냐하면 그냥 내가 하기로 선택했으니까

어느덧 2월의 마지막 주다. 매해 그렇듯 '한 것도 별로 없는데 벌써 3월이야?'란 마음으로 봄을 기다린다. 예년처럼 많은 다짐으로 한 해를 시작했고 그중 몇 가지는 이미 흐지부지되었다. 그래도 올해는 이전보다는 계획한 일들을 조금 더 잘 실행하고 있다. 꾸준히 글 쓰고 유튜브에 올릴 영상 만들기, 나만의 진료실 마련하기, 하루 30분은 스스로를 위한 의미 있는 시간을 보내기 등등.

아이가 태어나기 전에는 주말부부를 하며 평일에는 퇴근 후 몇 시간이고 노트북 앞에 앉아 상념을 펼쳤다. 그에 비해 요즘은 퇴근하면 아이가 잠들기 전까지 대부분의 시간을 아이와 놀거나 집안일을 하느라 예전보다 체력적·심적 여유가 많이 줄어 글쓰기를 비롯한 여러 계획한 일에 집중하기 어려워졌다. 하지만 이때 수용전념

치료를 공부하며 얻은 한 문장이 내게 큰 힘이 되어준다.

"Just because I choose to do."

"왜냐하면 그냥 내가 하기로 선택했으니까."

주문과 같은 이 문장을 하기로 마음먹은 일 뒤에 착 붙이고 나면 그 일을 이어갈 힘이 난다.

"내일부터 30분 일찍 일어나자. 왜냐하면 그냥 내가 그렇게 하기로 선택했으니까."

"한 문장이라도 꾸준히 쓰자. 왜냐하면 그냥 내가 그렇게 하기로 마음먹었으니까."

얼핏 보기에 아무런 의미가 없어 보이기도 하고 당연한 말을 반복하는 것 같은 이 문장이 도대체 어떤 방식으로 힘을 준다는 것일까. 먼저 왜 그렇게 많은 다짐들이 실행으로 이어지지 못하거나 이내 중단되는지 살펴보면 그 실마리를 찾을 수 있다.

'30분 일찍 일어나자'라는 다짐에는 자신이 보내고 싶은 하루의 모습이 담겨 있다. 살다 보면 꼭 해야 하는 건 아닌데 꼭 하고 싶은 것들이 있다. 홈트·러닝·외국어 배우기·명상·투자 공부 같은 것들. 일찍 일어나는 노력은 그 노력이 없었다면 존재하지 않았을 그 시간을 내게 제공하고, 이 시간은 반드시 효율적으로 활용하지 않아도 좋다는 여유를 준다. 나의 경우 커피를 내리며 해가 뜨려고 하는 어스름한 새벽 창밖을 내다보고 싶다든지, 그날 하루에 해야 할 일들을 꼼꼼히 정리하고 살펴보고 싶다든지, 하루 중 가장 맑은 상태의 마음이 떠올리는 단어들을 글로 옮기고 싶다든지 하는 순간들을 만난다. 그런 이유들이 모이고 모여 하나의 다짐이 된다.

어제와 같은 오늘을 택하지 않도록

마음은 일관성을 선호하고 변화를 싫어한다. 우리가 익숙함을 지향하는 것은 일상을 이어나가는 데 시간적, 신체적 에너지와 심리적인 여유라는 자원을 가장 적게 소모하는 효율적인 방법이기 때문이다. 그래서 마음은 어떤 변화를 시작하기 전 그것이 얼마나 내게 좋은 것들을 가져다줄지 이상으로 내게 얼마나 손해가 될지를 끊임없이 따진다. 불확실한 이득의 가능성에 비해 명확하게 체감되는 손해를 상상하며 우리는 변화를 회피한다. 오늘 하루, 지금의 내 모습, 나의 삶이 있는 그대로 좋아서라기보다 익숙해서 따르는 것이다.

변화를 피하고 익숙함을 맹종하는 습관은 애초에 변화를 다짐하며 부여했던 의미, 가치, 기대, 일상이 개선되고 삶이 나아질 가능성 등을 망각하게 한다. 새로운 시도에 수반되는 불확실성은 부정적인 예측으로 이어지고, 이로 인해 불편해진 우리의 마음은 익숙함을 근거로 어제와 같은 오늘을 택한다.

전공의 시절 번아웃으로 깊은 무기력에 사로잡혔던 적이 있다. 글쓰기, 전공 서적 한 번 더 들여다보기, 학회에 참석해서 면담 기법 수련하기 같이 전문성을 높이거나 삶에 의미를 더해줄 의미 있는 일들이 정말 많았다. 그렇지만 할 엄두가 나지 않았다. '이렇게 피곤한데 글 쓰는 건 사치야.' '찔끔찔끔 공부하는 게 얼마나 도움이 되겠어.' '가뭄에 콩 나듯 생기는 휴일인데 피곤에 절은 나를 위해선 잠이 최고지.' 그런 생각과 감정에 압도되어 소중한 시간들을 침대에 누워 핸드폰만을 뒤적이거나 텔레비전을 보며 '익숙하게' 흘려보냈다. 그리고 익숙한 무기력은 더욱 깊어졌고 그럴수록 더욱 같은 하루를 보내고 말았다.

무기력에 빠져 허우적거리던 그 일상은 결코 내가 원하는 모습이 아니었다. 그러나 마음이 만들어내는 하지 않을 이유, 하지 못할 이유와 그에 따르는 버겁고 지치는 느낌에만 몰입해 어제와 같은 오늘을 반복하며 보냈다. 그때 '내가 하기로 선택했으니까'라는 한마디와 함께 용기를 내 원하는 무언가를 시도했다면 어땠을까. 해보지 못한 것에 대한 후회는, 시도했지만 잘되지 않은 것들에 대한 후회보다 짙다.

그때를 아쉬워하며 후회 없는 오늘은 어떤 모습일지를 떠올려본다. 그리고 한 문장이라도 쓰자 다짐한다. 글을 쓰기 위해 해야 할 일은 지금 잠들기까지 쓸 시간이 얼마나 될지, 고작 한 문장 쓰는 것이 내 인생에 얼마나 큰 의미가 있을지를 검토하는 것이 아니라 노트북 전원을 누르는 것이다. 그리고 꿀 같은 잠을 10분 줄여 글을 쓰는 일이 실제로 이득이 될지 열심히 계산하지 않고 한글 프로그램을 켜고 어떻게든 쓰는 것이다.

졸음이 밀려오는데 별 이득도 없는 일을 왜 군이 하느냐 마음이 물어올 땐 "Just because I choose to do"라고만 답한다. 미처 마무리하지 못한 글을 이어나가고픈 마음에 내일도 30분 일찍 일어나 써보자 다짐한다. 그 순간에도 마음은 왜 그래야 하는지 그 이유를 다시 묻고, 일찍 일어나는 피로와 버거움을 내게 전하려 한다. 그러한 마음에게 나는 또 다시 "그냥, 내가 그렇게 하기로 정했으니까"라고만 답한다. 그리고 끊임없이 시시비비를 걸어오는 마음에 씩 한번 웃어주고는 알람을 맞춘다.

마음의 걱정과 달리 30분 일찍 일어나 새벽녘 창을 열 때의 느낌은, 다시 이불 속을 파고들고픈 충동을 살짝 무시할 수 있을 정도로 꽤나 상쾌하고 맑다. 그 기분은 이윽고 커피 한 잔, 글 한 줄이 된다. 커피의 향만큼, 그 향을 담은 문장 하나만큼의 보람을 안고 시작하는 하루는 그렇지 않은 하루보다 아주 조금 더 마음에 든다.

Just because I choose to do, 간단한 이 한마디는 익숙함만을 지향하는 마음의 함정에서 우리의 소중한 시간과 삶의 의미를 잃어버리지 않도록 도와준다. 그냥, 내가 하기로 했기 때문에 시도하는 변화로 우리를 인도한다. 어제보다 오늘을 아주 조금 더 사랑할 수 있는 힘을 더해주는 주문을, 당신에게도 전하고 싶다.

내가 나인 게 싫을 때 읽는 책

초판 1쇄 펴낸날 2021년 10월 22일
　　2쇄 펴낸날 2021년 12월 24일

지은이 이두형
펴낸이 이은정
편집 김수연
마케팅 정재연

제작 제이오
디자인 소요 스튜디오
조판 김경진
교정교열 백도라지

펴낸곳 도서출판 아몬드
출판등록 2021년 2월 23일 제 2021-000045호
주소 (우 10364) 경기도 고양시 일산동구 호수로 672, 305호
전화 031-922-2103 팩스 031-5176-0311
전자우편 almondbook@naver.com
페이스북 /almondbook2021 인스타그램 @almondbook

ⓒ이두형 2021
ISBN 979-11-975106-5-6 (03180)